KB028116

Platon

Lysis
Laches
Charmides

뤼시스 / 라케스 / 카르미데스
–
제1판 1쇄 2015년 1월 20일
–
지은이–플라톤
옮긴이–천병희
펴낸이–강규순
–
펴낸곳–도서출판 숲
등록번호–제406-2004-000118호
주소–경기도 파주시 해바라기길 34
전화–(031) 944-3139 팩스–(031) 944-3039
E-mail–booksoop@korea.com
–
ⓒ 천병희, 2015. Printed in Seoul, Korea
ISBN 978-89-91290-59-4 93100
값 20,000원
–
디자인–씨디자인
–
잘못 만들어진 책은 구입하신 서점에서 바꿔드립니다.
–
이 도서의 국립중앙도서관 출판예정도서목록(CIP)은 서지정보유통지원시스템 홈페이
지(http //seoji.nl.go.kr)와 국가자료공동목록시스템(http //www.nl.go.kr/kolisnet)
에서 이용하실 수 있습니다. (CIP제어번호 CIP 2015000133)

Platon
/
Lysis
Laches
Charmides

플라톤
/
뤼시스 **우정에 관하여**
라케스 **용기에 관하여**
카르미데스 **절제에 관하여**
－초기 대화편들

천병희 옮김

캐묻지 않는 삶은 살 가치가 없다

옮긴이 서문

플라톤(기원전 427년경~347년)은 관념론 철학의 창시자로 소크라테스, 아리스토텔레스와 더불어 서양의 지적 전통을 확립한 철학자이다. 아버지 쪽으로는 아테나이의 전설적인 왕 코드로스(Kodros)로, 어머니 쪽으로는 아테나이의 입법자 솔론(Solon)으로 거슬러 올라가는 부유한 명문가에서 태어난 그는 당시 여느 귀족 출신 젊은이들처럼 정계에 입문할 작정이었다.

그러나 펠로폰네소스 전쟁(기원전 431~404년)에서 아테나이가 패하면서 스파르테가 세운 '30인 참주'들의 폭정이 극에 달하고, 이어서 이들을 축출하고 정권을 잡은 민주제 지지자들에 의해 스승인 소크라테스가 399년에 사형당하는 것을 본 28세의 플라톤은 큰 충격을 받는다. 그래서 정계 진출의 꿈을 접고 철학을 통해 사회의 병폐를 극복하기로 결심을 굳힌 그는 철학자가 통치가가 되든지 통치자가 철학자가 되기 전에는 사회가 개선될 수 없다는

5

확신을 품게 된다.

이 사건이 있은 뒤 이집트, 남이탈리아, 시칠리아 등지로 여행을 떠났던 플라톤은 기원전 4세기 초 아테나이로 돌아와 영웅 아카데모스(Akademos)에게 바쳐진 원림(園林) 근처에 서양 대학교의 원조라고 할 아카데메이아(Akademeia) 학원을 개설한다. 그리고 쉬라쿠사이의 참주들을 두 번 더 방문한 것 말고는 연구와 강의와 저술활동에 전념하다가 기원전 347년 아테나이에서 세상을 떠난다.

플라톤은 50년이 넘는 기간에 20편 이상의 철학적 대화편과 소크라테스의 변론 장면을 기술한 『소크라테스의 변론』(*Apologia Sokratous*)을 출판했는데, 이것들은 하나도 없어지지 않고 모두 살아남았다. 그 밖에 13편의 서한이 있지만 과연 플라톤이 썼는지를 두고 논란의 여지가 많다.

플라톤의 저술은 편의상 초기작, 중기작, 후기작으로 구분한다. 『소크라테스의 변론』을 비롯해 『크리톤』(*Kriton*), 『이온』(*Ion*), 『뤼시스』, 『라케스』, 『카르미데스』 같은 초기작에서는 소크라테스가 주역을 맡아 대담자들이 제시한 견해들을 검토하고 폐기한다. 『프로타고라스』(*Protagoras*), 『고르기아스』(*Gorgias*), 『메논』(*Menon*), 『파이돈』(*Phaidon*), 『파이드로스』(*Phaidros*), 『국가』(*Politeia*), 『향연』(*Symposion*), 『테아이테토스』(*Theaitetos*) 등의 중기 대화편에서는 소크라테스가 여전히 주역을 맡지만, 플라톤이 혼불멸론과 이데아(idea)론 같은 자신의 견해를 제시하며 소크라테

6

스의 견해를 해석하고 부연한다. 『필레보스』(Philebos), 『소피스트』(Sophistes), 『정치가』(Politikos), 『티마이오스』(Timaios), 『크리티아스』(Kritias), 『법률』(Nomoi) 등의 후기 대화편에서는 소크라테스와 함께 혼불멸론과 이데아론이 뒷전으로 물러나고 철학적·논리적 방법론에 관심이 집중되고 있다.

20세기 영국의 철학자 화이트헤드(A. N. Whitehead)는 플라톤이 서양 철학사에 지속적으로 큰 영향을 끼친 것을 두고, 서양 철학사는 플라톤 철학에 대한 각주의 역사라 해도 과언이 아니라는 취지의 말을 한 적이 있는데, 그의 이런 주장에 이의를 제기하는 사람은 별로 없는 것 같다.

플라톤의 저술들이 2천 년 넘는 세월을 모두 살아남을 수 있던 것은 물론 그의 심오하고 체계적인 사상 덕분이겠지만, 이런 사상을 극적인 상황 설정, 등장인물들에 대한 흥미로운 묘사, 소크라테스의 인간미 넘치는 아이러니 등으로 재미있고 생동감 넘치게 독자들에게 전하기 때문일 것이다. 플라톤이 그리스의 최고 산문 작가 중 한 사람으로 평가받는 것도 그 때문일 것이다.

나는 더 많은 독자들에게 이런 플라톤을 소개하기 위해 난해한 직역과 지나친 의역은 피하고 되도록 알기 쉽게 원전의 의미를 전달하고자 했다. 그러나 플라톤의 말뜻을 정확히 이해하고 난삽한 문장을 읽기 좋은 우리말로 옮기는 것은 결코 쉬운 일이 아니다. 그런 의미에서 더 나은 이해를 위해 플라톤 번역은 끊임없이 시도되어야 할 것이다.

『뤼시스』와 『라케스』 『카르미데스』는 모두 플라톤의 초기 대화 편들로, 각각 '우정' '용기' '절제'를 논하고 있다. 이 대화편들에서 소크라테스를 비롯한 대담자들은 여러 각도에서 진지하고 치열하게 탐구하지만 누구나 동의할 수 있는 명쾌한 결론에 도달하지 못하고, 플라톤의 다른 초기 대화편들에서처럼 으레 자기모순에 빠져 난관(aporia)에 부딪친다. 그러나 이런 태도는 의도적인 것으로, 인간은 자기가 모르는 것을 안다는 착각에 빠져서는 안 되며, 모르는 것은 모른다고 솔직히 인정하고 평생을 두고 탐구해야 한다는 것, 다시 말해 캐묻지 않는 삶은 살 가치가 없다는 점을 강조하기 위한 것이라고 생각한다.

2015년 1월

천병희

주요 연대표
(이 연대표의 연대는 모두 기원전)

차 례

일러두기

1. 이 역서의 대본으로는 옥스퍼드 고전 텍스트(Oxford Classical Texts) 중 J. Burnet이 교열한 *Platonis Opera*, 5 vols., Oxford 1900~1907(제3권)을 사용했다.

2. 주석은 Terry Penner/Christopher Rowe(『뤼시스』, Cambridge University Press 2009)의 것을 참고했다.

3. 현대어 번역 중에서는 위 Terry Penner/Christopher Rowe(『뤼시스』), R. Waterfield(『뤼시스』『라케스』『카르미데스』, Oxford 2009), B. Jowett(『뤼시스』『라케스』『카르미데스』, Oxford 1953), Stanley Lombardo(『뤼시스』, Hackett Publishing Company 1997), J. Wright(『뤼시스』, Princeton University Press 2009), W. R. M. Lamb(『뤼시스』『라케스』, Loeb Classical Library 1924, 1925), Rosamond Kent Sprague(『라케스』『카르미데스』, Hackett Publishing Company 1997), Thomas G. West/Grace Starry West(『카르미데스』, Hackett Publishing Company 1986)의 영어 번역과 F. Schleiermacher(『뤼시스』『라케스』『카르미데스』, Darmstadt 1974), Otto Apelt(『뤼시스』『라케스』『카르미데스』, Hamburg 2004)의 독어 번역, 박종현(『라케스』, 서광사 2010), 강철웅(『뤼시스』, '정암학당 플라톤 전집' 중에서 2007)의 우리말 번역을 참고했다.

4. 플라톤에 관한 자세한 참고문헌은 R. Kraut(ed.), *The Cambridge Companion to Plato*, Cambridge University Press 1992, 493~529쪽과 C. Schäfer(Hrsg.), *Platon-Lexikon*, Darmstadt 2007, 367~407쪽을 참고하기 바란다.

5. 본문의 좌우 난외에 표시되어 있는 178a, b, c 등은 이른바 스테파누스(Stephanus, Henricus 프랑스어 이름 Henri Estienne, 16세기 프랑스 출판업자) 표기를 따른 것으로 아라비아 숫자는 쪽수를, 로마자는 문단을 나타낸다. 플라톤의 그리스어 텍스트와 주요 영어 번역, 독어 번역, 프랑스어 번역 등에서는 반드시 스테파누스 표기가 사용되고 있어, 이 표기가 없는 텍스트나 역서는 위치를 확인할 수 없어 참고 서적으로서의 가치가 거의 없다고 해도 과언이 아니다.

6. 설명이 필요하다고 생각되는 부분에는 주석을 달았다.

뤼시스

우정에 관하여

대담자

소크라테스(Sokrates 기원전 469~399년) 아테나이의 철학자.

힙포탈레스(Hippothales) 그에 관해서는 달리 알려진 것이 없지만 뤼시스를 열렬히 사랑하는 연인(erastes)으로, 10대 후반의 부잣집 아들인 듯하다.

크테십포스(Ktesippos) 힙포탈레스와 같은 또래로 역시 동성애에 관심이 많지만 힙포탈레스의 태도에 대해서는 비판적이다. 대화편『파이돈』59b에 따르면, 그는 훗날 소크라테스가 독배를 들고 숨을 거둘 때 그의 임종을 지켜보았다고 한다.

메넥세노스(Menexenos) 친구 뤼시스와 함께 소크라테스의 주 대담자로 등장하며 13살쯤 된 것으로 추정한다. 대화편『파이돈』59b에 따르면, 그도 훗날 소크라테스가 독배를 들고 숨을 거둘 때 그의 임종을 지켜보았다고 한다.

뤼시스 크테십포스의 사촌으로 같은 또래인 메넥세노스와 함께 소크라테스의 주 대담자로 등장한다.

(이들은 기원전 424년에서 399년 사이에 이 대화를 나누었을 것으로 추정한다.)

소크라테스가 이름 모를 친구에게 자신이 전에 나눈 대화를 전한다.

203a   나는 성벽¹ 바로 밑으로 난 성벽 바깥쪽 길을 따라 아카데메이아²에서 곧장 뤼케이온³으로 가고 있었네. 그런데 파놉스⁴ 샘 옆의 작은 문에 이르렀을 때 거기서 우연히 히에로뉘모스⁵의 아들 힙포탈레스와 파이아니아 구역⁶ 출신인 크테십포스와 다른 젊은 이 몇 명을 만났는데, 모두 한데 모여 있었네. 내가 다가가는 것을 보고 힙포탈레스가 말했네. "소크라테스 선생님, 어디에서 어디로

b   가시는 길인가요?"

"아카데메이아에서" 하고 내가 말했네. "곧장 뤼케이온으로 가는 길일세."

"이리로 곧장 우리에게 와주세요" 하고 그가 말했네. "우리와 함께하지 않으실래요? 그만한 보람이 있을 거예요."

14

"'이리로'라니 거기가 어딘가?" 하고 내가 물었네. "그리고 나더러 함께하라는 '우리'가 대체 누구란 말인가?"

"여기 말예요" 하고 그가 성벽에 면해 있는 울타리 친 땅과 열려 있는 문을 가리키며 말했네. "우리는 여기서 시간을 보내고 있어요" 하고 그가 말을 이었네. "여기 보이는 우리뿐만 아니라 다른 사람들도 아주 많아요. 그들은 다 멋쟁이들[7]이에요."

"여기는 어떤 곳이며, 무엇을 하며 시간을 보내는가?" 204a

"최근에 지은 레슬링도장[8]이에요" 하고 그가 말했네. "하지만 우리는 대부분의 시간을 토론을 하며 보내는데, 선생님께서도 우리와 함께해주시면 좋겠어요."

"시간을 보내는 데는 토론이 좋은 방법이지" 하고 내가 말했네. "그런데 여기서는 누가 자네들 선생인가?"

---

1 아테나이 시의 성벽.
2 아카데메이아(Akademeia)는 아테나이 시 북서부에 있는 체육관 겸 공원으로, 훗날 이곳에 플라톤이 학원을 개설했다.
3 뤼케이온(Lykeion)은 아테나이 시 남동쪽에 있는 체육관이자 공원인데, 아리스토텔레스는 훗날 이곳에도 학원을 개설했다.
4 파놉스(Panops)는 지역 신이다.
5 Hieronymos.
6 파이아니아(Paiania)는 앗티케(Attike) 지방의 174개 구역(區域 demos) 중 하나이다.
7 kaloi. '미남들'이라고 번역할 수도 있다.
8 palaistra.

"선생님의 학우이자 찬미자이신 믹코스[9] 선생이에요" 하고 그가 말했네.

"단언컨대 그는" 하고 내가 말했네. "그저 그런 사람이 아니라 그 방면의 전문가일세."

"그렇다면 선생님께서는 우리와 함께하시는 거죠?" 하고 그가 말했네. "여기 있는 사람들이 누군지 보실 겸 해서 말예요."

b "먼저 내가 무엇하러 들어가는 것이며, 자네들의 그 '멋쟁이'가 도대체 누구인지 듣고 싶네."

"멋쟁이에 대해 우리는 저마다 의견을 달리해요, 소크라테스 선생님" 하고 그가 말했네.

"힙포탈레스, 자네한테는 누가 멋쟁이인가? 말해보게."

그가 이 질문을 받고 얼굴이 붉어지기에 내가 말했네. "히에로 뉘모스의 아들 힙포탈레스, 자네가 누군가를 사랑하는지 그렇지 않은지 더 말할 필요 없네. 나는 자네가 사랑을 하고 있을뿐더러 사랑에 푹 빠져 있다는 것을 알 수 있으니까. 나는 다른 일에는 보

c 잘것없고 쓸모없지만, 사랑하는 사람[10]과 사랑받는 사람[11]을 금세 알아보는 재주는 타고난 것 같으니 말일세."

그가 이 말을 듣고 얼굴이 더욱더 붉어지자, 크테십포스가 말했네. "힙포탈레스, 자네는 참 내숭도 잘 떠는군. 얼굴을 붉히면서도 소크라테스 선생님께 그 소년의 이름을 대기가 부끄럽다는 듯이 주저하다니! 선생님께서 잠깐 동안이라도 자네와 함께 시간을 보내시면 자네가 계속해서 그 이름을 말하는 것을 들으시고는 싫

증이 나실 텐데. 소크라테스 선생님, 아무튼 우리는 그가 뤼시스 d
라는 이름을 귀에다 쏟아붓는 바람에 귀머거리가 되다시피 했어
요. 그리고 그가 술이라도 마시면 우리는 이튿날 아침에 깨어서도
여전히 뤼시스라는 이름을 듣고 있는 것 같은 착각에 빠진다니까
요. 그가 대화하면서 그럴 때도 끔찍하지만, 그가 시와 산문을 지
어 우리에게 쏟아부을 때에 견주면 약과예요. 그러나 최악은 그가
괴상한 목소리로 사랑하는 소년을 칭송하고, 우리는 그런 노래를
들어야 할 때지요. 그런 그가 지금 선생님께서 그 이름을 묻자 얼
굴을 붉히는데요."

"뤼시스는 아직 소년인 것 같구먼" 하고 내가 말했네. "이름을 e
들어도 나는 그가 누군지 모르겠으니 말일세."

"사람들이 그의 이름을 자주 부르지 않기 때문이지요" 하고 그
가 말했네. "사람들은 여전히 그를 아무개의 아들이라고 불러요.
그의 아버지는 잘 알려져 있으니까요. 설사 선생님께서 소년의 이
름은 모르셔도 그의 생김새를 모르기는 어려우실 거예요. 그의
생김새는 보기만 해도 그라는 것을 알아볼 수 있을 만큼 남다른
면이 있으니까요."

"말해보게나. 그는 누구의 아들인가?" 하고 내가 물었네.

9 Mikkos.

10 eron.

11 eromenos.

"그는 아익소네 구역 출신인 데모크라테스[12]의 장남이에요" 하고 그가 대답했네.

그래서 내가 말했네. "힙포탈레스, 자네가 고상하고 활기찬 연동(戀童)[13]을 찾아낸 것을 축하하네. 자, 자네가 여기 이 사람들에게 보여주는 것을 내게도 보여주게나. 연인(戀人)[14]이 연동에 관해 연동 자신에게나 남들 앞에서 무슨 말을 해야 하는지 자네는 알고 있다고 나는 확신하고 싶네."

"소크라테스 선생님, 크테십포스가 하는 말을 진지하게 받아들이세요?" 하고 힙포탈레스가 물었네.

"자네는 이 사람이 말한 소년을 사랑한다는 것을 부인하는 건가?" 하고 내가 물었네.

"그건 아니고요" 하고 그가 대답했네. "그렇지만 내가 연동에 관해 시를 짓고 산문을 쓴다는 것은 부인해요."

"그는 건강이 좋지 않아 정신이 나가 헛소리를 하는 거예요" 하고 크테십포스가 말했네.

그래서 내가 말했네. "힙포탈레스, 자네가 그 소년에 관해 시나 노래를 지었다 해도 내가 그것을 들을 필요는 없네. 단지 그 취지만 듣고 싶네. 자네가 연동을 어떻게 대하는지 내가 알 수 있도록 말일세."

"크테십포스가 틀림없이 선생님께 말씀드릴 거예요" 하고 힙포탈레스가 말했네. "그는 정확하게 알고 기억하고 있을 테니까요. 만약 그의 말처럼 그가 나한테 하도 많이 들어 귀가 먹먹하다면 말이에요."

그러자 크테십포스가 말했네. "신들에 맹세코, 나는 아주 정확하게 알고 기억하고 있어요. 그건 또한 우스꽝스러운 이야기이기도 해요, 소크라테스 선생님. 그가 연인으로 자기 연동을 어느 누구보다 더 사모하면서도 독창적인 말을 할 수 없다면 어찌 우스꽝스럽지 않겠어요. 그런 경우에는 어린아이라도 나름대로 할 말이 있을 거예요. 그런데 아테나이 시 전체가 데모크라테스와 그 소년의 할아버지 뤼시스[15]와 그 소년의 선조들을 칭송하는 것들이, 말하자면 그분들의 부와 말 사육[16]과, 퓌토 경기와 이스트모스 경기와 네메아 경기[17]에서 그분들이 사두마차 경주와 경주마 경기에서 우승한 일들이 그가 지은 시와 산문의 내용이란 말예요. 이보다   c

---

12 Aixone. Demokrates.

13 ta paidika. 남자끼리의 동성연애에서 여자 구실을 하는 쪽.

14 erastes. 남자끼리의 동성연애에서 남자 구실을 하는 쪽.

15 손자는 대개 할아버지의 이름을 썼다.

16 예나 지금이나 말을 사육하려면 돈이 많이 든다.

17 퓌토 경기(TA PYTHIA)는 예언과 음악의 신 아폴론(Apollon)을 기리기 위해 델포이(Delphoi)에서 4년마다 개최하던 축제 경기이다. 퓌토(Pytho)는 델포이의 옛 이름이다. 이스트모스 경기(ta Isthmia)는 해신 포세이돈(Poseidon)을 기리기 위해 코린토스(Korinthos) 시의 지협(地峽 isthmos)에서 격년으로 개최하던 경기이다. 네메아 경기(ta Nemeia)는 최고신 제우스(Zeus)를 기리기 위해 코린토스 남서쪽에 있는 네메아(Nemea)에서 개최하던 경기이다. 이 세 경기가 펠로폰네소스(Peloponnesos) 반도 서북부 엘리스(Elis) 지방의 소도시 올륌피아(Olympia)에서 4년마다 개최되던 올륌피아 경기(ta Olympia)와 더불어 고대 그리스의 4대 경기이다.

더 케케묵은 소재도 있어요. 그저께도 그는 그들의 선조가 헤라
d 클레스[18]를 환대한 이야기를 시로 지어 들려주었어요. 그들의 선
조는 제우스와 아익소네 구역 창건자의 딸 사이에서 태어난 아들
인지라 헤라클레스와는 친족 간이었으니까요. 소크라테스 선생
님, 힙포탈레스는 노파들이 읊어대는 이런 이야기와 그 밖에 그와
비슷한 수많은 이야기를 시나 산문으로 지어서는 우리더러 들으라
고 강요해요."

크테십포스의 말을 듣고 내가 말했네. "힙포탈레스, 자네는 웃
음거리가 되어 마땅하네. 자네는 승리를 쟁취하기도 전에 정말로
자신을 칭송하는 승리의 송가를 지어 부른단 말인가?"

"소크라테스 선생님, 나 자신을 칭송하는 승리의 송가를 지어
부르는 게 아니에요" 하고 그가 말했네.

"그건 자네 생각이겠지" 하고 내가 말했네.

"어째서 그렇다는 거죠?" 하고 그가 물었네.

e "자네의 그런 노래들은 누구보다도 자네와 관계가 있네" 하고
내가 말했네. "만약 자네가 그런 연동을 손아귀에 넣는다면 자네
가 그에 관해 말하고 노래한 것은 모두 자네의 명예를 높여줄 테니
까. 자네가 그런 연동을 얻는 데 성공한다면 자네의 노래들은 자
네를 칭송하는 승리의 송가가 될 거라는 말일세. 그러나 자네가
연동을 얻는 데 실패한다면, 자네가 연동을 기리는 찬사가 굉장할
수록 자네는 그만큼 더 아름답고 훌륭한 것들을 잃은 것처럼 보여
206a 웃음거리가 되고 말 걸세. 여보게, 그래서 연애 전문가는 연동을

20

손아귀에 넣기 전에는 연동을 찬양하지 않는다네. 장차 일이 어떻게 될지 염려되니까. 또한 잘생긴 소년들은 누가 칭찬하고 추어주면 자만심에 차서 점점 도도해진다네. 자네는 그렇게 생각하지 않는가?"

"물론 그렇다고 생각하지요" 하고 그가 말했네.

"그들이 도도해질수록 잡기가 더 어려워지겠지?"

"그럴 것 같네요."

"사냥꾼이 사냥감을 놀라게 하여 잡기 더 어렵게 한다면 자네는 그를 어떤 사냥꾼이라고 생각하는가?"

"분명 형편없는 사냥꾼이겠지요."

"그리고 누군가를 말과 노래로 온순하게 만들기는커녕 더 사납게 만든다면 그것은 시가(詩歌)에 무지한 탓일 걸세. 그렇겠지?"

"그런 것 같아요."

"그렇다면 힙포탈레스, 자네가 시를 짓다가 이런 모든 일에 휘말리지 않도록 조심하게. 설마 자네는 시 짓는 일로 자신을 해롭게 하는 사람이 훌륭한 시인이라는 데 동의하진 않을 테지. 그가 자신을 해롭게 한다면 말일세."

"동의하지 않고말고요" 하고 그가 말했네. "그건 매우 어리석은 짓일 테니까요. 그래서 소크라테스 선생님, 나는 지금 선생님과

---

18 헤라클레스(Herakles)는 제우스의 아들로, 인류를 위협한 수많은 괴물을 퇴치한 그리스의 대표적인 영웅이다.

상담하는 거예요. 선생님께서 내게 더 조언해주실 수 있다면, 연동의 사랑을 받으려면 어떻게 대화하고 어떻게 행동해야 하는지 말씀해주세요."

"그건 말하기가 쉽지 않네" 하고 내가 말했네. "하지만 만약 자네가 나서서 그가 나와 대화하게 해주겠다면, 여기 있는 자네 친구들이 자네가 말하고 노래한다고 주장하는 것들 대신 자네가 그와 어떤 대화를 나누어야 하는지 내가 시범을 보여줄 수는 있을걸세."

"그건 어렵지 않아요" 하고 그가 말했네. "만약 선생님께서 여기 있는 크테십포스와 함께 안으로 들어가 자리에 앉아 대화를 나누시면 그는 아마 제 발로 선생님에게 다가갈 테니까요. 소크라테스 선생님, 그는 누구보다도 토론하는 것을 듣기 좋아해요. 게다가 마침 헤르메스 축제[19] 기간이라 젊은이들과 소년들이 다 모여 있어요. 그러니 그는 선생님에게 올 거예요. 그러나 만약 오지 않는다면, 여기 있는 크테십포스를 시켜─크테십포스와 뤼시스는 서로 아는 사이예요. 뤼시스는 크테십포스의 사촌인 메넥세노스와 막역한 사이니까요. 그러니 그가 제 발로 오지 않으면─그를 불러오게 하세요."

"그래야겠구먼" 하고 내가 말했네. 그렇게 말하고 내가 크테십포스를 데리고 레슬링도장으로 들어가자 다른 사람들도 우리를 뒤따랐네.

우리가 들어가서 보니 소년들은 제물을 모두 바치고 나서 이제는 제사도 거의 끝난 터라 곱게 차려입은 그대로 공기놀이를 하고 있었네. 대부분은 건물 바깥 안마당에서 놀고 있었고, 몇몇은 탈의실 구석에서 작은 바구니들에서 공깃돌을 한 움큼씩 꺼내며 홀수인지 짝수인지 알아맞히기 놀이를 하고 있었네. 또 다른 소년들이 둘러서서 이들의 놀이를 구경하는데, 구경꾼들 중 한 명이 뤼시스였네. 그는 머리에 화관을 쓰고 소년들과 젊은이들 사이에 서 있는데, 외모가 출중하여 단지 아름답다는 말뿐 아니라 아름답고도 훌륭하다[20]는 말을 들을 만했네. 그 방의 반대쪽은 조용하기에 우리는 그리로 가 앉아 우리끼리 대화를 시작했네. 그러자 뤼시스가 자꾸 고개를 돌려 우리 쪽을 바라보았는데, 분명 우리에게 다가오고 싶은 눈치였네. 그가 혼자서 다가올 용기가 나지 않아 잠시 망설이는데, 메넥세노스가 안마당에서 놀다가 들어오더니 나와 크테십포스를 보자 다가와 우리 곁에 앉았네. 그리고 뤼시스가 메넥세노스를 보고 따라와서 메넥세노스와 함께 우리 곁에 앉자 다른 사람들도 다가왔네. 그러자 힙포탈레스는 여러 사람이 둘러서 있는 것을 보고는 뤼시스가 언짢아할까 두려워 그의 눈에 띄지 않도록 그들 뒤에 자리 잡고 섰네. 그는 그렇게 자리 잡고 서서 우리 대화에 귀를 기울였네.

207a

b

---

19 hermaia. 헤르메스(Hermes)는 신들의 전령으로 레슬링도장과 체육관의 수호신이다.

20 kalos te kágathos.

그래서 내가 메넥세노스를 보며 물었네. "데모폰의 아들이여, 자네들 둘 중에 누가 더 나이 많은가?"

"그 문제를 두고 우리는 다투고 있어요" 하고 그가 대답했네.

"그렇다면 자네들은 누가 더 명문가(名文家) 출신이냐를 두고도 다투겠구먼" 하고 내가 말했네.

"그야 물론이지요" 하고 그가 말했네.

"그렇다면 누가 더 잘생겼느냐를 두고도 다투겠구먼."

그러자 그들이 둘 다 웃었네.

"자네들 둘 중 누가 더 부자인지는 묻지 않겠네" 하고 내가 말했네. "자네들은 친구[21] 사이니까. 그렇지 않은가?"

"물론이지요" 하고 그들이 말했네.

"속담에 이르기를 친구들의 재산은 공유물이라고 하니, 그 점에서는 자네들 둘 사이의 우열을 가리기가 어려울 테니까. 자네들의 우애[22]에 관해 자네들이 한 말이 참말이라면."

그들은 동의했네.

이어서 내가 그들 둘 중에 누가 더 올바르고 더 지혜로운지 물으려고 할 때, 누가 우리에게 다가와서 체육관 관장이 부른다며 메넥세노스를 일으켜 세웠는데, 내 생각에 제사 지내는 일로 그러는 것 같았네. 메넥세노스가 떠나자 나는 뤼시스에게 묻기 시작했네.

"뤼시스, 자네 아버지와 어머니는 자네를 무척이나 사랑하시겠지?" 하고 내가 물었네. "물론이지요" 하고 그가 대답했네.

"그분들은 자네가 최대한 행복하기를 원하시겠지?"

"왜 아니겠어요?"

"어떤 사람이 노예이고 하고 싶은 것을 아무것도 할 수 없다면, 자네는 그런 사람이 행복할 수 있다고 생각하는가?"

"제우스에 맹세코, 나는 그렇게 생각하지 않아요" 하고 그가 말했네.

"만약 자네 부모님이 자네를 사랑하시고 자네가 행복해지기를 원하신다면, 그분들은 분명 자네를 행복하게 해주려고 최선을 다하실 걸세."

"당연하지요" 하고 그가 말했네.

"그렇다면 그분들은 자네가 원하는 일을 하도록 허락하시고, 자네가 원하는 일을 한다고 나무라거나 못하게 막지는 않으시겠구면?"

"제우스에 맹세코, 그렇지는 않아요. 소크라테스 선생님. 그분들이 못하게 막는 일이 한두 가지가 아닌걸요."

"무슨 말인가?" 하고 내가 물었네. "그분들은 자네가 행복하기를 바라면서도 자네가 원하는 일을 못하게 막으신다는 말인가? 이 점을 말해주게. 자네가 자네 부친의 전차들 가운데 한 대에 올라타 전차 경주에서 고삐를 잡기를 원한다면, 그분들은 허락하지 않고 못하게 막으실까?"

---

21 philos.
22 philia.

"제우스에 맹세코, 그분들은 틀림없이 허락하지 않으실 거예요"
하고 그가 말했네.

"그렇다면 그분들은 누가 그렇게 하는 것을 허락하실까?"

"아버지한테서 품삯을 받는 마부가 한 명 있어요."

"무슨 말인가? 그분들은 자네보다는 품팔이꾼이 자신들의 말
들을 마음대로 다루게 하시고, 게다가 그에게 품삯까지 주신다는
말인가?"

b　　"그렇다니까요" 하고 그가 말했네.

"그러나 내 생각에 그분들은 노새들을 모는 일은 자네에게 맡
기실 것이며, 자네가 채찍을 들고 노새들을 후려치기를 원한다면
그렇게 하는 것을 허락하실 걸세."

"무슨 근거로 내가 그렇게 하는 것을 그분들이 허락하시리라고
생각하시는 거죠?" 하고 그가 물었네.

"어떤가? 노새들은 아무나 후려쳐도 되는 것 아닌가?" 하고 내
가 물었네.

"물론 노새 모는 사람은 그래도 되겠지요" 하고 그가 대답했네.

"노새 모는 사람은 노예인가, 자유민인가?"

"노예예요" 하고 그가 말했네.

"그렇다면 그분들은 아들인 자네보다 노예를 더 높이 평가하는
것 같구먼. 자기들 일을 자네보다도 노예에게 더 맡기시며, 노예는
제 마음대로 하도록 허락하시고 자네는 원하는 일을 못하게 막으시
c　　니 말일세. 물어볼 게 또 있네. 그분들은 자네가 자신을 다스리는

것을 허락하시는가, 아니면 그것도 자네에게 맡기지 않으시는가?"

"물론 맡기지 않으세요" 하고 그가 말했네.

"그렇다면 누가 자네를 다스리는가?"

"여기 있는 내 개인교사[23]가 다스려요" 하고 그가 말했네.

"그는 노예가 아닌가?"

"물론 노예예요. 우리 집 노예들 가운데 한 명이지요" 하고 그가 말했네.

"참 놀랍구먼. 자유민이 노예의 다스림을 받다니!" 하고 내가 말했네. "그런데 이 개인교사는 무엇을 함으로써 자네를 다스리는가?"

"그는 나를 선생님 집에 데려다줘요" 하고 그가 말했네.

"설마 자네 선생님들도 자네를 다스리는 것은 아니겠지?"

"그분들도 확실히 나를 다스려요."

d

"그렇다면 자네 부친은 수많은 주인과 지배자를 일부러 자네 위에 앉히신 것 같네. 하지만 자네가 자네 모친이 계시는 집으로 가면 모친은 자네가 행복해지도록 자네가 원하는 일을 하도록 허락하시는가? 모친은 베를 짜고 있을 때 자네가 털실이나 베틀을 자네 마음대로 다루는 것을 허락하시는가? 내 생각에 자네 모친은 자네가 바디나 북이나 베 짜는 데 쓰는 다른 도구를 만져도 막지

---

23 paidagogos('어린아이를 학교에 데려갔다 데려오는 사람'). 이들은 대개 유식한 노예들로, 전쟁 포로들이었다.

않으실 것 같네만."

그러자 그가 웃으며 말했네. "소크라테스 선생님, 정말이지 어머니는 나를 막는 정도가 아니라, 내가 그런 걸 만지면 나를 때리실 걸요."

"맙소사. 자네는 아버지나 어머니에게 못된 짓을 한 적이 없지 않은가?" 하고 내가 말했네.

"제우스에 맹세코, 나는 그런 적이 없어요" 하고 그가 말했네.

"그렇다면 무엇 때문에 그분들은 자네가 행복해지는 것을, 그리고 자네가 원하는 일을 하는 것을 그토록 완강하게 막으시는가? 무엇 때문에 그분들은 늘 자네가 온종일 남들에게 예속된 상태에서 자네를 양육하시는가? 한마디로 무엇 때문에 그분들은 자네가 원하는 일을 사실상 아무것도 못하게 하시는가? 그 결과 자네는 그토록 재산이 많아도 아무런 덕을 보지 못하는 것 같네. 자네 아닌 다른 사람이 자네 재산을 관리하니까. 그 점은 귀태가 흐르는 자네 몸도 마찬가질세. 누군가 다른 사람이 자네 몸을 돌보고 보살피니까. 반면 뤼시스, 자네는 아무것도 다스리지 못할뿐더러 자네가 원하는 일을 아무것도 하지 못하네."

"소크라테스 선생님, 그건 내가 성년이 되지 않았기 때문이에요" 하고 그가 말했네.

"데모크라테스의 아들이여, 그래서 그분들이 자네를 막으시는 것은 아닐 걸세. 자네가 성년이 되기를 기다리지 않고도 자네 부모님이 자네에게 맡기실 만한 일은 더러 있는 것 같으니 말일세. 이

28

를테면 그분들이 누군가 자기들을 위해 글을 읽거나 글을 써주기

를 원하신다면, 생각건대 그분들은 식구들 가운데 누구보다도 먼

저 자네에게 이 일을 맡기실 걸세. 그렇겠지?" **b**

"물론이지요" 하고 그가 말했네.

"그렇다면 이 경우 어떤 글자를 먼저 쓰고 어떤 글자를 두 번째

로 쓸 것인지 자네가 선택할 수 있으며, 그 점은 자네가 글을 읽을

때도 마찬가지일세. 또한 자네가 뤼라[24]를 집어 들면 자네 부친도

자네 모친도 자네가 원하는 현을 조이거나 늦추는 것을, 그리고

현을 자네 마음대로 손가락으로 뜯거나 채로 치는 것을 막지 않으

실 걸세. 아니면 그분들이 막으실까?"

"그야 막지 않으시겠지요."

"그렇다면 어디 설명해보게, 뤼시스. 그분들은 왜 이런 경우에

는 자네를 막지 않으시는데, 조금 전에 말한 그런 경우에는 막으 **c**

시는가?"

"이런 것들은 내가 아는데 조금 전에 말한 것들은 모르기 때문

인 것 같아요" 하고 그가 말했네.

"좋았어, 여보게" 하고 내가 말했네. "그렇다면 자네 부친은 자

네에게 모든 것을 맡기려고 자네가 성년이 되기를 기다리시는 게

---

24 뤼라(lyra)는 고대 그리스에서 피리(aulos)와 더불어 가장 널리 쓰이던 악기
로, 길이가 똑같은 세로 현들로 된 발현악기이다. 키타라(kithara)는 뤼라를 개량
한 것이다.

아닐세. 오히려 자네 부친은 자네가 자기보다 사리를 더 잘 분별한다 싶으면 바로 그날로 자신과 자신의 재산을 자네에게 맡길 걸세."

"나도 동감이에요" 하고 그가 말했네.

d "좋았어" 하고 내가 말했네. "어떤가? 자네 이웃도 자네 부친과 똑같은 기준을 자네에게 적용하지 않을까? 자네가 자기보다 재산을 더 잘 관리할 줄 안다 싶으면 자네 이웃은 자기 재산 관리하는 일을 자네에게 맡길 것 같은가, 아니면 계속 자기가 관리할 것 같은가?"

"내게 맡길 것 같아요."

"어떤가? 자네가 사리를 잘 분별한다 싶으면 아테나이인들은 자신들의 업무를 자네에게 맡기지 않을까?"

"나는 그러리라고 생각해요."

"제우스의 이름으로 묻겠는데, 대왕[25]은 어떻게 할까?" 하고 내가 물었네. "고기를 삶을 때 그는 장차 아시아를 다스리게 될 장남
e 이 양념에 무슨 성분이든 제가 하고 싶은 대로 가미하게 할까, 아니면 우리가 그의 궁전에 도착해 그의 아들보다 우리의 요리 솜씨가 더 좋다는 것을 보여주면 우리에게 그 일을 맡길까?"

"분명 우리에게 맡기겠지요" 하고 그가 대답했네.

"그는 자기 장남에게는 조금이라도 집어넣는 것을 허용하지 않는 반면, 우리가 그렇게 하기를 원한다면 소금을 한 움큼 집어넣더라도 허락할 걸세."

"물론이지요."

"그는 아들이 눈이 아프면 어떻게 할까? 그는 아들이 의술에 무지하다고 생각한다면 아들이 제 눈을 만지는 것을 허락할까, 아니면 그러지 못하게 막을까?" 210a

"막겠지요."

"그러나 그가 우리를 훌륭한 의사라고 생각한다면 설사 우리가 그의 아들의 두 눈을 벌리고 재를 뿌리려 해도 우리를 막지 않을 걸세. 그는 우리가 무엇을 하는지 정확하게 알고 있다고 생각할 테니까."

"옳은 말씀이에요."

"그 밖의 다른 분야도 우리가 그 자신과 그의 아들보다 더 잘 안다 싶으면 모두 그 자신과 그의 아들보다는 우리에게 맡기겠지?"

"당연하지요, 소크라테스 선생님" 하고 그가 말했네.

"그렇다면 실상은 이렇다네, 친애하는 뤼시스" 하고 내가 말했네. "우리가 더 잘 아는 분야들은, 헬라스[26]인들이든 비(非)헬라스인들[27]이든 남자든 여자든 모두 우리에게 맡길 걸세. 그럴 경우 우리는 우리 마음대로 할 것이며, 일부러 우리를 방해하는 사람은 아무도 없을 걸세. 오히려 우리는 그런 일들에서는 자유를 누리며 b

25 '대왕'(ho megas basileus)이란 페르시아 왕을 말한다.
26 헬라스(Hellas)는 그리스의 그리스어 이름이다.
27 barbaroi. '이민족'으로 번역할 수도 있다.

남들을 지배하게 될 것이고, 그런 일들은 우리 자신의 것이 될 걸세. 그런 일들에서 우리는 덕을 볼 테니까. 반면 우리가 무지한 분야들은 우리가 그것들과 관련하여 우리 마음대로 하도록 아무도 우리에게 맡기지 않을 걸세. 오히려 누구든 힘닿는 데까지 우리를 막을 걸세. 남들뿐 아니라 아버지도 어머니도, 그리고 부모보다 친근한 자가 있다면 그도 그러겠지. 그런 일들에서는 우리가 남들에게 따라야 할 것이고, 그런 일들은 우리 자신의 것이 되지 않을 걸세. 그런 일들에서 우리는 덕을 보지 못할 테니까. 그렇다는 데에 동의하는가?"

"동의해요."

"그런데 우리가 아무 쓸모없는 분야들에서 우리가 누군가의 친구가 되고, 누군가가 우리를 사랑하게 될까?"

"그럴 리 없겠지요" 하고 그가 말했네.

"그렇다면 자네 부친이 지금 자네를 사랑하지 않는 까닭은, 다른 누군가가 쓸모없으면 아무도 그를 사랑하지 않기 때문일세."

"그런 것 같아요" 하고 그가 말했네.

"그렇다면, 여보게, 만약 자네가 유식해지면 모두들 자네를 사랑하고 자네와 친해질 걸세. 자네는 도움을 주고 혜택을 줄 테니까. 그러나 자네가 유식해지지 않으면 아무도 자네를 사랑하지 않을 걸세. 자네 부친도, 자네 모친도, 자네 친척도. 그렇다면 뤼시스, 누군가 자기가 아직 알지 못하는 것에 자부심을 가질 수 있을까?"

"어떻게 그럴 수 있겠어요?" 하고 그가 말했네.

"자네에게 여전히 선생님이 필요하다면 자네는 아직은 아는 것이 아닐세."

"옳은 말씀이에요."

"그렇다면 자네는 자부심을 갖지 못하겠구먼. 자네가 아직도 지혜롭지 못하다면 말일세."

"제우스에 맹세코, 나는 아직은 자부심을 갖지 못하고 있어요, 소크라테스 선생님" 하고 그가 말했네.

나는 그가 그렇게 말하는 것을 듣고 힙포탈레스 쪽을 바라보다 e 가 하마터면 실수할 뻔했네. 나는 다음과 같이 말할 뻔했으니까. "힙포탈레스, 연동과 대화할 때는 이렇게 해야 하네. 이처럼 기를 죽이고 위축시켜야지, 자네처럼 우쭐하게 만들고 기를 살려서는 안 된다는 말일세." 그러나 그가 우리의 대화를 듣고 안절부절못 하는 것을 보자 나는 그가 바로 옆에 서 있으면서도 뤼시스의 눈에 띄지 않기를 원했다는 사실이 생각났네. 그래서 나는 정신을 차리고, 말을 하려다 말고 그만두었네.

그사이에 메넥세노스가 돌아와 아까 앉았다가 일어선 뤼시스 211a 옆자리에 앉았네. 그러자 뤼시스가 메넥세노스 몰래 귀엽고 사랑 스럽게 내 귀에 대고 나직이 속삭였네. "소크라테스 선생님, 내게 말씀하신 것들을 메넥세노스에게도 말씀해주세요."

그래서 내가 말했네. "뤼시스, 그것들은 자네가 그에게 직접 말해줄 수 있을 걸세. 자네는 내 말을 귀담아들었으니까."

"물론 귀담아들었지요" 하고 그가 말했네.

"그렇다면 그것들을 최대한 상기해보게" 하고 내가 말했네. "그러면 그것들을 빠짐없이 그에게 정확하게 전달할 수 있을 걸세. 혹시 생각나지 않는 게 있으면 우리가 다음에 만날 때 내게 다시 물어보고."

"소크라테스 선생님, 꼭 그럴게요. 걱정하지 마세요" 하고 그가 말했네. "그렇다면 그와 다른 대화를 나누세요. 집으로 돌아갈 시간이 될 때까지 나도 들을 수 있도록 말예요."

"그래야겠지. 자네도 그러라고 하니까" 하고 내가 말했네. "하지만 메넥세노스가 나를 논박하려 하면 자네가 나를 도와주게. 그가 논쟁하기 좋아한다는 것은 자네도 알지 않는가?"

"제우스에 맹세코, 잘 알지요" 하고 그가 말했네. "선생님께서 그와 대화하시기를 내가 원하는 것도 바로 그 때문이에요."

"내가 웃음거리가 되게 하려고?" 하고 내가 물었네.

"천만의 말씀!" 하고 그가 말했네. "그게 아니라, 선생님께서 그를 혼내주시라고요."

"어떻게 말인가?" 하고 내가 말했네. "그건 쉬운 일이 아닐세. 그는 아주 영리한 사람인 데다 크테십포스의 제자일세. 더구나 그를 도우려고 크테십포스 자신이 여기에 와 있는 것도 보이지 않는가?"

"소크라테스 선생님, 그게 누구든 남들에게는 신경 쓰지 말고서 메넥세노스와 대화하세요" 하고 그가 말했네.

"대화하겠네" 하고 내가 말했네.

우리가 이렇게 대화하고 있을 때 크테십포스가 우리에게 말했네. "왜 여러분은 둘이서만 잔치를 즐기고 우리는 대화에 끼워주시지 않는 거죠?"

"자네들도 당연히 끼어들어야지" 하고 내가 말했네. "여기 있는 뤼시스가 내가 말한 것들 가운데 어떤 것을 자기는 이해하지 못하지만 메넥세노스는 알고 있는 것 같다고 말하면서 내가 그에게 물어보기를 원하니 말일세."

"그렇다면 왜 그에게 물어보지 않으세요?" 하고 크테십포스가 말했네.

"물어볼 걸세" 하고 내가 말했네. "메넥세노스, 내가 묻는 말에 대답해주게. 나는 어릴 때부터 갖고 싶은 것이 있네. 사람들은 저마다 원하는 것이 다른데, 어떤 사람은 말들을, 어떤 사람은 개들을, 어떤 사람은 황금을, 어떤 사람은 명예를 얻기를 원하네. 한데 나는 그런 것들에는 무덤덤하지만 친구들을 얻는 데는 아주 열정적일세. 그래서 나는 세상에서 가장 훌륭한 메추라기나 수탉[28]보다도, 아니 제우스에 맹세코, 말이나 개보다도 훌륭한 친구를 얻고 싶네. 개에 맹세코,[29] 나는 다레이오스[30]의 황금보다도, 아니

---

28 고대 그리스인들은 메추라기나 닭끼리 싸움 붙이기를 좋아했다고 한다.
29 당시 그리스인들은 대개 제우스에 걸고 맹세했지만, 맹세할 때 신의 이름을 함부로 부르는 것을 피하려고 플라타너스나 양배추 따위의 식물이나 거위·개·양 따위의 동물에 걸고 맹세하기도 했다.

다레이오스 자신보다도 훨씬 더 친구[31]를 갖고 싶을 듯하네. 그만큼 나는 친구를 사랑한다네. 그래서 나는 자네와 뤼시스를 보며 감동하는 것이며, 자네들이 아직도 젊은 나이에 내가 원하는 것을 그토록 힘들이지 않고 일찌감치 얻을 수 있었던 행운을 축하하는 것이라네. 자네들은 한쪽이 다른 쪽을 진정한 친구로 삼는 데 시간이 많이 걸리지 않았으니까. 하지만 나는 내가 원하는 것을 얻기는커녕 어떻게 한 사람이 다른 사람의 친구가 되는지도 모른다네. 그래서 나는 바로 그 점을 자네에게 물어보고 싶네. 자네는 경험자이니까.

말해주게. 누가 누군가를 사랑할 때, 누가 누구의 친구인가? 사랑하는 사람이 사랑받는 사람의 친구인가, 사랑받는 사람이 사랑하는 사람의 친구인가? 아니면 아무 차이가 없는가?"

"내 생각에 아무 차이가 없는 것 같아요" 하고 그가 말했네.

"무슨 말인가?" 하고 내가 물었네. "그럼 한 사람이 다른 사람을 사랑하기만 하면, 그들은 둘 다 서로의 친구라는 말인가?"

"내 생각에는 그런 것 같아요" 하고 그가 말했네.

"어떤가? 누군가를 사랑하는 사람이 자기가 사랑하는 사람에게 마중 사랑을 받지 못할 수도 있지 않을까?"

"그럴 수도 있겠지요."

"어떤가? 사랑하는 사람이 자기가 사랑하는 사람에게 미움받을 수도 있지 않을까? 이를테면 연인들도 때로는 연동들에게 그런

일을 당하는 것 같네. 연인들이 연동을 열정적으로 사랑해도, 그

중 더러는 자기가 마중 사랑을 받지 못한다고 생각하고, 더러는 자기가 미움을 받는다고까지 생각하니 말일세. 아니면 자네는 그게 사실이 아니라고 생각하나?"

"틀림없는 사실이죠" 하고 그가 대답했네.

"그럴 경우 한 사람은 사랑하고, 다른 사람은 사랑을 받는 것이겠지?" 하고 내가 물었네.

"네."

"그렇다면 둘 중 어느 쪽이 어느 쪽의 친구인가? 마중 사랑을 받지 못하거나 미움을 받더라도 사랑하는 사람이 사랑받는 사람의 친구인가? 아니면 사랑받는 사람이 사랑하는 사람의 친구인가? 그것도 아니면 그런 경우에는 둘이서 서로 사랑하지 않는 한 어느 쪽도 다른 쪽의 친구가 아닌가?"

"아닌 게 아니라 그런 것 같아요."

"그렇다면 우리는 생각이 바뀐 것 같네. 아까는 둘 중 한 사람이 다른 사람을 사랑하면 둘이서 친구라고 생각했는데, 지금은 둘이서 서로 사랑하지 않는 한 어느 쪽도 다른 쪽의 친구가 아니라고 주장하니 말일세."

"그런 것 같아요" 하고 그가 말했네.

"그렇다면 마중 사랑을 하지 않는 한 어떤 것도 자기를 사랑하

---

30 다레이오스(Dareios)는 페르시아 왕이다.
31 hetairos. 문맥에 따라서는 '전우' '학우' '동료' 등으로 번역할 수도 있다.

는 사람의 친구가 아닐세."

"아닌 것 같아요."

"그렇다면 말들이 마중 사랑을 하지 않는 한, 말을 사랑하는 사람들은 있을 수 없네. 그 점은 메추라기나 개나 술이나 운동을 사랑하는 사람들 경우도 마찬가지일세. 지혜도 마중 사랑을 하지 않는 한 지혜를 사랑하는 사람들은 있을 수 없네. 아니면 이들은 자기들이 사랑하는 것들이 자기들을 사랑하지 않는데도 그것들을 사랑할까? 그렇다면 다음과 같이 말한 시인은 거짓말을 한 걸세.

e

행복하도다, 자기를 좋아하는 자식들[32]이 있고, 통발굽의 말들과 사냥개들과 국외에 외지인 친구가 있는 사람은."[33]

"나는 그가 거짓말을 했다고는 생각하지 않아요" 하고 그가 말했네.

"그의 말이 옳다고 생각한다는 말이지?"

"네."

"그렇다면 메넥세노스, 사랑받는 것이 사랑하는 사람에게 소중한 친구인 것 같네. 사랑받는 것이 사랑하는 사람을 사랑하든, 아니면 미워하기까지 하든 말일세. 이를테면 갓난아이들은 아직은

213a

부모를 사랑하지 않으며 부모에게 야단맞으면 부모를 미워하기까지 하네. 하지만 어쨌거나 어린아이들은 부모를 미워하는 순간에도 부모에게는 더할 나위 없이 소중한 친구들일세."

"그런 것 같아요" 하고 그가 말했네.

"그런 논리대로라면 사랑하는 사람이 친구가 아니라, 사랑받는 사람이 친구일세."

"그런 것 같아요."

"그리고 미움받는 사람이 적이고, 미워하는 사람은 적이 아닐세."

"그런 것 같아요."

"그렇다면 많은 사람들이 적에게 사랑받고 친구에게 미움받으며, 적에게는 친구이고 친구에게는 적일세. 만약 사랑하는 사람이 친구가 아니고, 사랑받는 사람이 친구라면 말일세. 그렇지만 여보게, 적에게는 친구이고 친구에게는 적이라는 것은 매우 불합리한 것 같네. 아니, 사실상 불가능한 듯하네."

b

"옳은 말씀 같아요, 소크라테스 선생님" 하고 그가 말했네.

"만약 그게 불가능하다면, 사랑하는 자가 사랑받는 자의 친구일 걸세."

"그런 것 같아요."

"또한 미워하는 자가 미움받는 자의 적일 걸세."

"당연하지요."

---

32 정확하게는 '자기를 좋아하는 자식들'이 아니라 '자기가 좋아하는 자식들' 또는 '사랑스러운 자식들'이라는 뜻이다.

33 솔론(Solon), 단편 23(Edmonds). 솔론은 기원전 6세기 초에 활동한 아테나이의 입법자이자 시인이다.

"그렇다면 우리는 앞서와 같은 결론을 내릴 수밖에 없네. 말하자면 어떤 사람은 때로는 친구가 아닌 사람이나 심지어는 적의 친구일 수도 있네. 그런 일이 벌어지는 것은 그가 자기를 사랑하지 않거나 심지어 미워하기까지 하는 사람을 사랑할 때일세. 그리고 어떤 사람은 때로 적이 아닌 사람이나 심지어 친구의 적일 수도 있네. 그가 자기를 미워하지 않거나 심지어 사랑하기까지 하는 사람을 미워할 때는 말일세."

"아마도 그렇겠지요" 하고 그가 말했네.

"그렇다면 우리는 이 문제를 어떻게 해결해야 할까?" 하고 내가 말했네. "만약 사랑하는 사람들도, 사랑받는 사람들도, 사랑하고 사랑받는 사람들도 친구가 아니라면 말일세. 서로 친구가 된다고 우리가 말할 수 있는 사람들은 이들 말고 다른 사람들인가?"

"정말이지 나도 해결 방안이 없어요, 소크라테스 선생님" 하고 그가 말했네.

"메넥세노스, 우리가 전혀 잘못된 방법으로 탐구하고 있는 걸까?" 하고 내가 물었네.

"그런 것 같아요, 소크라테스 선생님" 하고 뤼시스가 대답했네. 이렇게 말하면서 그는 얼굴을 붉혔는데, 분명 계속 정신을 집중해서 우리 대화를 듣고 있다 보니 본의 아니게 그런 말이 튀어나왔기 때문인 것 같았네.

그래서 나는 메넥세노스를 잠시 쉬게 해주고 싶기도 하고 지혜를 향한 뤼시스의 사랑이 마음에 들기도 하여 이번에는 방향을 바

꿔 뤼시스와 대화를 계속했네. "뤼시스, 자네 말이 옳은 것 같네.
우리가 올바른 방법으로 고찰했다면 이토록 헤매지는 않았을 걸
세. 더는 그쪽 방향으로는 가지 말기로 하세. 그쪽으로 가면 우리
탐구 여행은 힘든 일이 될 것 같으니까. 그러니 우리가 옆길로 접
어들던 그곳으로 다시 돌아가 이 문제를 두고 시인들이 한 말을 고
찰해야 할 걸세. 지혜에 관한 한 시인들은 말하자면 우리의 아버지
이자 길라잡이이니까. 시인들은 누가 진실로 친구들인지에 대해 시
시한 말을 하는 게 아니라, 그들을 서로에게 이끌어줌으로써 그들
이 친구가 되게 하는 것은 다름 아닌 신이라고 주장하네. 그들은 그
런 주장을 다음과 같이 표현하는 것 같네. "신은 언제나 유사한 것
들끼리 서로 사귀게 하신다"[34]고. 그리하여 그들이 서로를 알게 해
주신다고. 아니면 자네는 이 시행(詩行)들을 만난 적이 없는가?

"만난 적이 있어요" 하고 그가 말했네.

"그렇다면 자네는 유사한 것은 언제나 유사한 것의 친구가 되기
마련이라고 똑같은 주장을 펴는 가장 지혜로운 사람들의 저술도
만난 적이 있겠구먼? 자연과 우주에 관해 논하고 저술하는 사람
들[35] 말일세."

---

34 호메로스(Homeros), 『오뒷세이아』(*Odysseia*) 17권 218행. 호메로스는 기원전
730년경에 활동한 그리스의 서사시인으로, 작품으로는 『오뒷세이아』 외에 『일리아
스』(*Ilias*)가 있다.

35 엠페도클레스(Empedokles), 데모크리토스(Demokritos) 같은 자연철학자들
을 가리킨다.

"그래요" 하고 그가 말했네.

"자네는 그들의 주장이 옳다고 생각하나?" 하고 내가 물었네.

"아마도 옳은 것 같아요" 하고 그가 대답했네.

"어쩌면 반쯤만 옳을지도 모르지" 하고 내가 말했네. "아니면 전적으로 옳은데 우리가 이해하지 못하는 것인지도 모르고. 우리가 생각하기에는 악한 자가 악한 자에게 더 가까이 다가가 더 오래 사귈수록 그만큼 더 적이 될 것 같네. 악한 자는 불의를 행할 테니까. 그리고 불의를 행하는 자들과 불의를 당하는 자들은 친구가 될 수 없을 테니까. 그렇지 않은가?"

"그렇지요" 하고 그가 말했네.

"그럴 경우 그런 주장은 반쯤은 사실이 아닐 걸세. 악한 자들이 저들끼리 유사하다면 말일세."

"옳은 말씀이에요."

"하지만 그들이 주장하는 것은 훌륭한 사람들은 서로 유사하고 서로 친구인 데 반해, 나쁜 사람들은 그들에 관해 그런 속담도 있듯이 심지어 자기 자신과도 유사하지 않으며, 변덕스럽고 불안정하다는 뜻인 것 같네. 그런데 어떤 것이 자기 자신과도 유사하지 않고 다르다면, 다른 것과 유사하거나 친구가 되기는 어려울 걸세. 자네도 그렇게 생각하지 않는가?"

"나도 그렇게 생각해요" 하고 그가 말했네.

"그렇다면 여보게, 유사한 것끼리 친구가 된다는 말의 숨은 뜻은 훌륭한 사람들만이 서로 친구가 될 수 있고, 나쁜 사람과 훌륭한 사람 또는 나쁜 사람과 다른 나쁜 사람 사이에는 진정한 우정이 존재할 수 없다는 것인 듯하네. 자네도 동의하는가?"

그가 머리를 끄덕였네.

"그렇다면 이제 우리는 어떤 사람들이 친구인지 말할 수 있게 되었네. 우리 논의는 훌륭한 사람들이 친구라는 것을 암시해주고 있으니 말일세."

"전적으로 동의해요" 하고 그가 말했네.

"나도 그렇다고 생각하네" 하고 내가 말했네. "하지만 그렇게 생각하기에는 아직도 꺼림칙한 구석이 있네. 제발 부탁이니, 내가 미심쩍어하는 이유를 고찰하세. 만약 A가 B와 유사하기에 B의 친구라면, A는 B에게 유용한가? 차라리 다음과 같이 물어보세. 유사한 것은 다른 유사한 것에게 다른 유사한 것이 자기에게 줄 수 없는 어떤 이익이나 해악을 끼칠 수 있는가? 또는 유사한 것은 자기에게 일어날 수 없는 것을 다른 유사한 것에게 일어나게 할 수 있는가? 그렇지만 유사한 것들이 서로 돕지 못한다면 어떻게 서로에게 존중받을 수 있겠는가? 그럴 방법이 있을까?"

"없어요."

"존중받지 못하는 것이 어떻게 친구가 될 수 있지?"

"결코 친구가 될 수 없어요."

"그렇다면 유사한 사람이 유사한 사람에게 친구인 것은 아닐세. 오히려 훌륭한 사람이 유사한 사람인 한이 아니라, 훌륭한 사람인 한 다른 훌륭한 사람에게 친구이겠지?"

"아마도 그런 것 같아요."

"어떤가? 훌륭한 사람은 훌륭한 사람인 한 자족하겠지?"

"네."

"자족하는 사람은 자족하기 때문에 필요한 것이 아무것도 없을 걸세."

"물론이지요."

"필요한 것이 없는 사람은 무엇을 존중하지도 않을 걸세."

b   "그렇겠지요."

"존중하지 않는 사람은 사랑하지도 않을 걸세."

"물론이지요."

"그리고 사랑하지 않는 사람은 친구가 아니고."

"아닌 것 같아요."

"그렇다면 훌륭한 사람들끼리는 도대체 어떻게 친구가 될까? 그들은 자족하는지라 떨어져 있어도 서로 그리워하지 않고, 함께 있어도 서로를 필요로 하지 않으니 말일세. 그런 사람들이 서로를 존중할 무슨 방도가 있을까?"

"없어요" 하고 그가 말했네.

c   "하지만 서로를 존중하지 않는 사람들은 친구일 수 없네."

"옳은 말씀이에요."

"뤼시스, 우리가 어디서 길을 잘못 들었는지 살펴보게. 우리가 완전히 속은 것일까?"

"어째서 그렇지요?" 하고 그가 물었네.

"나는 언젠가 누가 이런 말을 하는 것을 들은 적이 있는데 이제야 생각나는군. 유사한 것은 유사한 것에게 가장 적대적이고, 훌륭한 사람은 훌륭한 사람들에게 가장 적대적이라고. 그리고 그는 그 증거로 헤시오도스[36]의 다음 시구를 인용했네.

그리하여 도공(陶工)은 도공을, 가인(歌人)은 가인을,
거지는 거지를 시샘하는 것이라오 … [37]

d

그는 또한 그 밖의 다른 것도 모두 마찬가지여서, 서로 가장 닮은 것들은 서로에 대해 시샘과 경쟁심과 적대감으로 가득 차고, 서로 가장 닮지 않은 것들은 우정으로 가득 찰 수밖에 없다고 말했네. 왜냐하면 도움을 받자면 가난한 사람은 부자의, 약자는 강자의 친구가 되어야 하고, 병자는 의사와 친근하게 지내고 모든 문외한은 전문가를 존중하고 사랑할 수밖에 없기 때문이라는 거야. 이어서 그는 유사한 것끼리 친구가 된다는 것은 말도 안 되며 사실은 그와 정반대라고 떠벌리더군. 모든 것은 닮은 것이 아니라 정반대되는 것을 욕구하기 때문에, 가장 상반된 것들끼리 가장 친하다는 거지. 이를테면 마른 것은 습한 것을, 찬 것은 뜨거운 것을, 쓴

e

---

36 헤시오도스(Hesiodos)는 기원전 700년경에 활동한 그리스 서사시인이다. 작품으로는 『신들의 계보』(*Theogonia*), 『일과 날』(*Erga kai hemerai*) 등이 남아 있다.
37 헤시오도스, 『일과 날』 26~26행.

것은 단것을, 날카로운 것은 무딘 것을, 빈 것은 채워지기를, 가득 찬 것은 비워지기를 욕구하며, 같은 이치에 따라 다른 것들도 마찬가지라는 거야. 왜냐하면 상반된 것들은 서로에게 양식이 되지만, 유사한 것은 유사한 것한테 아무 덕도 보지 못하기 때문이라는 거지. 그리고 여보게, 그의 그런 논리는 내게는 우아해 보이기까지 했네. 그는 문제의 핵심을 찔렀으니까. 자네들 둘은" 하고 나는 말을 이었네. "그가 한 말을 어떻게 생각하는가?"

216a

"선생님에게 그렇게 들으니 훌륭해 보여요" 하고 메넥세노스가 말했네.

"그렇다면 우리는 상반된 것들이 가장 친한 친구가 된다고 말할까?"

"네."

"좋아, 메넥세노스" 하고 내가 말했네. "그런데 어쩐지 낌새가 좀 수상하지 않은가? 그러면 논박에 능한 저 만물박사[38]들이 얼씨구나 하고 곧장 우리에게 덤벼들며 적대와 우정은 가장 상반된 것이 아니냐고 묻지 않을까? 우리는 이 질문에 어떻게 대답해야 할까? 그들의 말이 옳다고 인정해야 하지 않을까?"

b

"인정해야겠지요."

"그러면 그들은 그럴 경우 적이 친구를 사랑하는 것인지, 아니면 친구가 적을 사랑하는 것인지 물을 걸세."

"어느 쪽도 아니에요" 하고 그가 말했네.

"그렇다면 올바른 것이 불의한 것의 친구이고, 절제 있는 것이

46

방종한 것의 친구이며, 훌륭한 것이 나쁜 것의 친구인가?"

"나는 그렇지 않다고 생각해요."

"그러나 만약 어떤 것이 다른 것과 상반되기에 다른 것의 친구라면, 그것들은 친구들일 수밖에 없네" 하고 내가 말했네.

"네, 그럴 수밖에 없지요."

"그렇다면 유사한 것도 유사한 것의 친구가 아니고, 상반된 것도 상반된 것의 친구가 아닐세."

"네, 아닌 것 같아요."

"우리가 검토해야 할 것이 또 있네. 우리는 어쩌면 예상외로 진 c
리에서 벗어나 있으며, 친구는 우리가 말한 그런 것들 가운데 어느 것도 아니고, 오히려 훌륭하지도 않고 나쁘지도 않은 것이 그렇기 때문에 훌륭한 것의 친구일 수 있다는 말일세."

"무슨 말씀이신지요?" 하고 그가 물었네.

"정말이지 나도 잘 모르겠네" 하고 내가 말했네. "우리 논의가 복잡해서 나는 솔직히 현기증을 느낄 정도니까. '아름다운 것이 친구다'라는 옛 속담이 옳을지도 모르겠네. 아무튼 우정은 부드럽고 반들반들하고 미끌미끌하며, 아마도 그런 성질 때문에 우리 d
손에서 쉽게 미끄러져 빠져나가는 것 같네. 단언컨대, 훌륭한 것은 아름답네. 자네는 그렇게 생각하지 않는가?"

"나도 그렇게 생각해요."

"이건 예감에 불과하지만, 나는 훌륭하지도 나쁘지도 않은 것이 아름답고 훌륭한 것의 친구라고 생각하네. 내가 왜 그런 예감이 들었는지 들어보게. 내 생각에 사물에는 훌륭한 것, 나쁜 것, 훌륭하지도 않고 나쁘지도 않은 것, 이렇게 세 부류가 있는 것 같네. 자네 생각은 어떤가?"

"나도 그렇게 생각해요" 하고 그가 말했네.

"또한 내 생각에 훌륭한 것이 훌륭한 것의 친구도 아니고, 나쁜 것이 나쁜 것의 친구도 아니며, 훌륭한 것이 나쁜 것의 친구도 아닌 것 같네. 앞서의 논의는 그런 가능성들을 배제했으니까. 그렇다면 남은 가능성은 하나뿐일세. 만약 어떤 것이 어떤 것의 친구라면 훌륭하지도 나쁘지도 않은 것이 훌륭한 것 또는 자기와 유사한 것의 친구가 되는 걸세. 어떤 것도 나쁜 것의 친구가 될 수는 없으니까."

"옳은 말씀이에요."

"우리는 또한 방금 유사한 것은 유사한 것의 친구가 될 수 없다고 말했네. 그렇게 말했지?"

"네."

"그렇다면 훌륭하지도 나쁘지도 않은 것은 자기와 유사한 것의 친구가 될 수 없을 걸세."

"될 수 없을 것 같아요."

"그렇다면 남은 가능성은 훌륭하지도 나쁘지도 않은 것이 훌륭한 것의 친구가 되는 것 하나뿐일세."

"당연한 결론인 것 같아요."

"그렇다면 여보게들, 우리의 이런 생각이 과연 훌륭한 길라잡이일까?" 하고 내가 물었네. "여기 건강한 몸이 있다고 가정해보게. 그런 몸은 의사의 도움이 필요하지 않을 걸세. 건강상태가 좋으니까. 그러니까 건강한 사람은 건강하기 때문에 의사의 친구가 아닐세. 아니면 친구일까?"

"친구가 아니에요."

"하지만 병자는 병 때문에 의사의 친구일세."

"물론이지요."

"그런데 병은 나쁜 것이고, 의술은 유익하고 훌륭한 것일세."   b

"네."

"그리고 몸 자체는 훌륭한 것도 나쁜 것도 아닐세."

"맞아요."

"그런데 몸은 병 때문에 의술을 반기고 사랑할 수밖에 없네."

"나는 그렇다고 생각해요."

"그렇다면 나쁘지도 훌륭하지도 않은 것이 훌륭한 것의 친구가되는 이유는 나쁜 것이 있기 때문일세."

"그런 것 같아요."

"그러나 그런 일은 분명 나쁘지도 훌륭하지도 않은 것이 자기가가진 나쁜 것에 의해 나빠지기 전에 일어난다네. 그것이 일단 나쁜것이 되고 나면 더는 훌륭한 것을 요구하거나 훌륭한 것의 친구일   c

수 없기 때문일세. 나쁜 것은 결코 훌륭한 것의 친구일 수 없다고 우리는 말했으니까.”

“친구일 수 없고말고요.”

“그렇다면 자네들은 내 말을 검토해보게. 어떤 것들은 다른 것들이 자기 안에 있으면 그 다른 것들에 동화하지만, 어떤 것들은 동화하지 않네. 이를테면 우리가 어떤 것에 색을 입힌다고 가정해보게. 그럴 경우 색은 칠해진 대상과 함께 존재하네.”

“물론이지요.”

“그럴 경우 색이 칠해진 대상은 그것에 칠해진 대상과 같은 색깔이겠지?”

d   “무슨 말씀인지 모르겠어요” 하고 그가 말했네.

“그렇다면 다음과 같이 생각해보게” 하고 내가 말했네. “누가 자네 금발에 분을 발랐다고 가정해보게. 그럴 경우 자네 금발은 흰가, 아니면 희어 보일 뿐인가?”

“희어 보일 뿐이에요” 하고 그가 말했네.

“그래도 거기에는 흼이 있을 걸세.”

“네.”

“그래도 자네 머리털은 실제로 더 희어지지는 않고, 비록 흼이 있다 해도 희지도 검지도 않을 걸세.”

“맞아요.”

“하지만 여보게, 언젠가 노년이 자네 머리털에 흼을 가져다주면 자네 머리털은 거기에 동화할 걸세. 다가온 흼에 의해 자네 머리털도 희어질 거라는 말일세."

"당연하지요."

"그렇다면 지금 내가 묻는 것은, 어떤 것이 함께하는 다른 것에 동화하는 것은 모든 경우에 해당하는가, 아니면 특정한 방법으로 함께할 경우에만 해당하는가 하는 걸세."

"오히려 나중 경우인 것 같아요" 하고 그가 말했네.

"그렇다면 나쁘지도 훌륭하지도 않은 것이 나쁜 것과 함께해도 아직 나빠지지 않은 경우도 있을 테고, 이미 나빠진 경우도 있을 걸세."

"물론이지요."

"그렇다면 나쁘지도 훌륭하지도 않은 것이 나쁜 것과 함께해도 아직 나빠지지 않은 경우, 함께함은 나쁘지도 훌륭하지도 않은 것이 훌륭한 것을 욕구하게 만드네. 그러나 함께함이 나쁘지도 훌륭하지도 않은 것을 나쁘게 만들 경우, 그것은 훌륭한 것에 대한 욕구와 사랑을 상실하네. 그 경우 그것은 더는 나쁘지도 훌륭하지도 않은 것이 아니라 나쁜 것이기 때문일세. 그리고 나쁜 것은 훌륭한 것의 친구가 아니었네."

"아니고말고요."

"그래서 우리는 신이든 인간이든 이미 지혜로운 이들은 더는 지혜를 사랑하지 않으며, 무지해서 나쁜 자들도 지혜를 사랑하지 않는다고 말할 수 있네. 나쁘고 무식한 자는 아무도 지혜를 사랑하지 않으니까. 그렇다면 남은 것은 무지라는 나쁨을 갖고 있지만,

아직은 그 때문에 무지해지거나 아둔해지지 않은 사람들일세. 그
들은 자기들이 모르는 것은 모르는 줄 알고 있네. 따라서 지혜를
사랑하는 것은 아직은 훌륭하지도 나쁘지도 않은 사람들일세. 반
면 나쁜 자들도 훌륭한 자들도 지혜를 사랑하지 않는다네. 상반
된 것들끼리도 유사한 것들끼리도 친구일 수 없다는 것이 앞서의
논의에서 밝혀졌으니 말일세. 기억들 나지 않는가?"

"물론 기억나요" 하고 그들 둘이 말했네.

"그렇다면 뤼시스와 메넥세노스, 이제 우리는" 하고 내가 말했
네. "무엇이 친구이고 무엇이 친구가 아닌지 의문의 여지없이 확실
히 찾아냈네. 혼에서도 몸에서도 그 밖의 모든 영역에서도 훌륭하
지도 나쁘지도 않은 것이 나쁜 것의 함께함 때문에 훌륭한 것의
친구라는 것이 우리 주장이니 말일세."

그들 둘은 내 말에 전적으로 동의했네.

나도 뒤쫓던 사냥감을 만족스럽게 포획하자 사냥꾼처럼 마음
이 몹시 흐뭇했네. 그런데 그때 왠지 모르게 우리 결론이 잘못된
것일 수 있다는 아주 이상한 의구심이 들었네. 그래서 나는 흥분
하여 즉시 말했네. "뤼시스와 메넥세노스, 이럴 수가! 우리의 부
(富)는 일장춘몽이던 것 같네."

"도대체 왜 그런 말씀을 하세요?" 하고 메넥세노스가 물었네.

그래서 내가 대답했네. "나는 우리가 우정을 찾다가 협잡꾼 같
은 거짓 논리를 만난 게 아닌지 두렵네."

"어째서 그렇지요?" 하고 그가 말했네.

"다음과 같이 고찰해보세" 하고 내가 말했네. "누군가 친구라면, 그는 누군가의 친구인가 아닌가?"

"친구일 수밖에 없겠지요" 하고 그가 말했네.

"그가 친구가 된 데에는 아무 목적도 이유도 없는가, 아니면 어떤 목적과 이유가 있는가?"

"어떤 목적과 이유가 있겠지요."

"그런데 친구와 그의 친구 사이의 우정의 목적 자체는 친구인가, 아니면 친구도 적도 아닌가?"

"무슨 말씀인지 전혀 모르겠어요" 하고 그가 말했네.

"그럴 만도 하지" 하고 내가 말했네. "하지만 다음과 같이 고찰해보면 자네들은 이해하게 될 테고, 아마 나도 내가 하는 말을 더 잘 이해하게 될 걸세. 조금 전에 우리는 병자가 의사의 친구라고 말했네. 그러지 않았는가?"

"네, 그렇게 말했어요."

"그리고 병자가 의사의 친구인 것은 병 때문에 건강을 위해서겠지?"

"네."

"병은 나쁜 것이겠지?"

"물론이지요."

"건강은 어떤가?" 하고 내가 물었네. "훌륭한 것인가, 나쁜 것인가, 아니면 이도 저도 아닌가?"

"훌륭한 것이지요" 하고 그가 말했네.

"그렇다면 우리는 훌륭하지도 나쁘지도 않은 몸이 훌륭한 것인 의술의 친구인 까닭은 병 때문이라고, 다시 말해 나쁜 것 때문이라고 말하고 있는 것 같네. 그리고 의술이 이런 우정을 받아들인 것은 건강을 위해서인데, 건강은 훌륭한 것일세. 그렇지 않은가?"

"네, 그래요."

"건강은 친구인가, 친구가 아닌가?"

"친구예요."

"병은 적일세."

"그렇고말고요."

b "그렇다면 나쁘지도 훌륭하지도 않은 것이 훌륭한 것의 친구인 까닭은 나쁘고 가증스러운 것 때문이며, 훌륭하고 친한 것을 위해서일세."

"그런 것 같아요."

"그렇다면 친구가 친구에게 친구인 것은 친구를 위해서이며, 적 때문일세."

"그런 것 같아요."

"좋아" 하고 내가 말했네. "소년들이여, 우리가 여기까지 왔으니 기만당하지 않도록 정신 바짝 차리세. 나는 친구가 친구의 친구가 된다고, 그러니까 유사한 것이 유사한 것의 친구가 된다고 우리가 말한 사실은―우리는 그것이 불가능하다고 말한 바 있네만―문제 삼지 않겠네. 하지만 지금 우리가 하는 말에 속지 않기 위해 우 c 리가 고찰해야 할 게 있네. 우리 주장에 따르면, 의술이 친구인 것은 건강을 위해서일세."

"네."

"그렇다면 건강도 친구겠지?"

"물론이지요."

"건강이 친구라면, 건강은 어떤 것을 위한 수단일세."

"네."

"또한 우리의 이전 결론과 일치하려면, 그 어떤 것은 친구일세."

"물론이지요."

"그렇다면 그 어떤 것 역시 나름대로 친구를 위해서 친구가 되겠지?"

"네."

"그렇다면 우리는 탈진할 때까지 그런 식으로 계속하거나, 아니면 더는 다른 친구에게 떠넘겨질 수 없는, 우리 주장에 따르면 그것을 위해 다른 모든 것이 친구가 되는 최초의 친구에게 틀림없이 도달하게 될 걸세."

"틀림없이 그렇게 되겠지요."

"내가 말하려는 것은 바로 그것일세. 다른 것을 위해 친구라고 우리가 말하는 것은 모두 최초의 친구의 환영(幻影)과 기만에 불과하고, 진정한 친구는 최초의 친구가 아닐까 염려스럽다는 말일세. 다음과 같이 생각해보세. 누가 무엇인가를 중요하게 여긴다고 가정해보게. 이를테면 아버지는 다른 모든 재물보다도 아들을 중요하게 여기네. 무엇보다 아들을 중요하게 여기는 아버지는 아들

e

을 위하는 것이라면 다른 것도 중요하다고 생각하지 않을까? 예컨
대 그런 아버지가 아들이 독즙을 조금 마신 것을 안다면, 그리고
포도주가 아들의 목숨을 살릴 수 있다고 생각한다면, 포도주를
중요하게 여기겠지?"

"물론이지요" 하고 그가 말했네.

"포도주가 담긴 그릇도 중요하게 여기겠지?"

"물론이지요."

"그렇다고 해서 그가 질그릇 잔이나 포도주 3코튈레[39]를 자기
아들보다 더 중요하게 여길까? 아니면 그런 상황에서 관심의 초점
은 목적을 위해 제공되는 수단들이 아니라, 오히려 수단들이 제공

220a

되는 목적이겠지. 우리는 금과 은이 중요하다고 가끔 말하긴 하지
만 말일세. 그러나 사실은 그렇지 않네. 그것이 무엇이든 우리가 그
것을 위해 금과 다른 부차적인 것을 마련하는, 가장 중요게 여기
는 다른 것이 있으니 말일세. 우리는 그렇다고 말하지 않을 텐가?"

"당연히 그렇게 말하겠지요."

"친구에 대해서도 같은 말을 할 수 있지 않을까? 단지 다른 어

b

떤 것을 위해 우리에게 친구인 것은 '친구'라는 말을 듣기에 부적
절하며, 진정한 친구란 우정이라고 불리는 이 모든 것의 종착점이
되는 바로 그것인 듯하네."

"그런 것 같아요" 하고 그가 말했네.

"그렇다면 진정한 친구는 다른 친구를 위한 친구가 아니겠지?"

"옳은 말씀이에요."

56

"친구가 친구인 것은 다른 친구를 위해서라는 의견에 대해서는 이쯤 해두고, 이번에는 훌륭한 것이 친구인지 검토해보세."

"내 생각에는 훌륭한 것이 친구인 것 같아요."

"그리고 훌륭한 것이 사랑받는 것은 나쁜 것 때문일세. 그렇다 c 면 다음과 같이 생각해보게. 우리가 방금 언급한 것은 훌륭한 것, 나쁜 것, 훌륭하지도 나쁘지도 않은 것, 이렇게 세 가지인데, 그중 두 가지는 남고 나쁜 것은 소멸하여 몸이든 혼이든 그 밖에 우리 가 그 자체로는 나쁘지도 훌륭하지도 않다고 말하는 다른 것들에 게 아무런 영향을 줄 수 없네. 그럴 경우 훌륭한 것은 우리에게 아 무 쓸모가 없어 무용지물이 되어버렸을까? 그도 그럴 것이, 우리 를 해코지할 것이 더 없다면 우리는 도움이 필요하지 않을 테니 말 d 일세. 그러니 우리가 훌륭한 것을 존중하고 사랑하는 이유는 나 쁜 것 때문이라는 것이 명백하네. 훌륭한 것은 병이라는 나쁜 것 을 고치는 약과 같다네. 그러나 병이 없다면 약도 필요 없을 걸세. 훌륭한 것은 본성이 그러하기에 나쁜 것 때문에 나쁜 것과 좋은 것의 중간에 있는 우리에게 사랑받지만 그 자체로는 아무 쓸모없 는 것 아닌가?"

"그런 것 같아요" 하고 그가 말했네.

"그렇다면 우리가 '다른 친구를 위한 친구들'이라고 불렀던 다

---

39 1코튈레(kotyle)는 0.273리터, 즉 약 250밀리리터이다.

른 모든 것의 종착점인 우리 친구는 이들을 전혀 닮지 않았네. 이들은 친구를 위한 친구들이라고 불리지만, 진정한 친구는 성격이 그와 정반대인 것 같으니 말일세. 그는 적 때문에 우리 친구였다는 것이 밝혀졌으니까. 적이 떠나고 나면 그는 더는 우리 친구가 아닐 걸세."

"아닐 것 같아요. 지금 우리 논의에 따르면" 하고 그가 말했네.

그래서 내가 말했네. "말해보게. 만약 나쁜 것이 소멸하고 나면 배고픔이나 목마름 같은 것을 느끼는 것이 가능할까? 아니면 인간이나 다른 동물들이 존재하는 한 배고픔도 존재하지만 해롭지는 않은 것인가? 또한 목마름이나 다른 욕구들도 존재하지만 나쁜 것이 없어져버렸으니 해롭지는 않은 것인가? 아니면 그때는 무엇이 존재하고 무엇이 존재하지 않을지 묻는 것은 가소로운 일인가? 하긴 그걸 누가 알겠는가? 그러나 우리는 지금 배고픔이 우리에게 해로울 수도 있고 도움이 될 수도 있다는 것을 알고 있네. 그렇지 않은가?"

"그렇고말고요."

b "그런데 목마름이나 그 밖의 다른 욕구도 모두 마찬가지 아닐까? 욕구는 그것을 느끼는 사람에게 때로는 이롭고, 때로는 해롭고, 때로는 이롭지도 해롭지도 않을 수 있겠지?"

"그렇고말고요."

"그런데 나쁜 것들이 소멸할 경우 나쁘지 않은 것들도 나쁜 것들과 함께 소멸할 무슨 이유라도 있는가?"

"없어요."

"그렇다면 나쁜 것들이 소멸하더라도 훌륭하지도 나쁘지도 않은 욕구들은 여전히 존재할 걸세."

"그럴 것 같아요."

"그런데 누군가 자기가 욕구하고 갈망하는 것의 친구가 되지 않고도 그것을 욕구하고 갈망할 수 있을까?"

"내 생각에는 그럴 수 없을 것 같아요."

"그렇다면 나쁜 것들이 소멸하더라도 우리에게 친구들은 여전히 존재할 걸세."

"네."

"그렇지만 나쁜 것이 우정의 원인이면 그것은 불가능하네. 그럴 경우 나쁜 것이 소멸한 뒤에는 아무것도 다른 것의 친구가 될 수 없네. 원인이 소멸하고 나면 결과도 존속할 수 없으니까."

"옳은 말씀이에요."

"우리는 친구가 무엇인가를 사랑한다는 데에, 그리고 무엇 때문에 사랑하는지에 대해 의견이 일치한 바 있는데, 그때 우리는 나쁘지도 훌륭하지도 않은 것이 훌륭한 것을 사랑하는 까닭은 나쁜 것 때문이라고 생각하지 않았던가?"

"맞아요."

"하지만 이제는 우정에는 다른 원인이 있다는 점이 밝혀진 것 같네."

"그런 것 같아요."

"그렇다면 사실은, 방금 우리가 말했듯이, 욕구가 우정의 원인이고, 욕구를 느끼는 사람이 욕구를 느끼는 동안에는 자기가 욕구하는 것의 친구일세. 그렇다면 친구가 무엇인지를 두고 앞서 우리가 말한 것은 길게 늘어놓은 시(詩)처럼 허튼소리였을까?"

"그런 것 같아요" 하고 그가 말했네.

"하지만" 하고 내가 말했네. "욕구하는 것은 자기에게 필요한 것을 욕구하네. 그렇지 않은가?"

e   "네, 그래요."

"그리고 필요한 것은 그것이 필요한 사람의 친구겠지?"

"그런 것 같아요."

"그리고 잃어버렸으니까 필요하겠지?"

"물론이지요."

"그렇다면 메넥세노스와 뤼시스, 연정과 우정과 욕구의 대상은 우리와 친근한 것인 듯하네."

그들 둘이 동의했네. "그러니 자네 둘이 서로에게 친구라면, 자네들은 어떤 의미에서 본성적으로 서로 친근감을 느끼네."

"물론이지요" 하고 그들 둘이 말했네.

"그렇다면 소년들이여, 다른 사람을 욕구하거나 연모하는 사람은" 하고 내가 말을 이었네. "혼이나 성격이나 태도나 외모와 관련하여 사랑받는 사람에게 어떤 의미에서 친근감을 느끼지 않는다면 욕구도 연정도 우정도 느끼지 않을 걸세."

222a

"물론이지요" 하고 메넥세노스 말했네. 그러나 뤼시스는 아무

60

말도 하지 않았네.

"좋아. 그렇다면 우리는" 하고 내가 말했네. "본성적으로 우리와 친근한 것을 사랑할 수밖에 없다는 점이 밝혀졌네."

"그런 것 같아요" 하고 메넥세노스가 말했네.

"가짜가 아닌 진짜 연인은 반드시 연동에게 사랑받아야 하네."

뤼시스와 메넥세노스는 마지못해 내 말에 고개를 끄덕였지만, 힙포탈레스는 좋아서 희색이 만면해졌네.

b

그렇지만 나는 우리 논의를 검토해보고 싶어 말했네. "뤼시스와 메넥세노스, 친근한 것과 유사한 것 사이에 어떤 차이가 있다면 우정에 관한 우리 논의는 의미가 있을 걸세. 그러나 친근한 것과 유사한 것이 사실상 동일한 것이라면, 유사한 것은 유사한 것에게 유사한 것인 한 쓸모가 없다는 우리의 이전 주장을 번복하기가 쉽지 않을 걸세. 쓸모없는 것이 친구라고 인정하는 것은 실수하는 것이니까. 그러니 자네들만 좋다면" 하고 내가 말을 이었네.

c

"우리는 이미 토론에 취해 비틀거리는 만큼 친근한 것과 유사한 것 사이에는 차이가 있다고 인정하고 주장할까?"

"물론 그래야겠지요."

"그렇다면 훌륭한 것은 모든 것과 친근하지만, 나쁜 것은 모든 것에게 이질적이라고 가정할까? 아니면 나쁜 것은 나쁜 것과, 훌륭한 것은 훌륭한 것과, 나쁘지도 훌륭하지도 않은 것은 나쁘지도 훌륭하지도 않은 것과 친근하다고 말할까?"

그들 둘은 후자가 맞으며, 자기들이 보기에는 끼리끼리 친근하다고 말했네.

"그렇다면 소년들이여, 우리는" 하고 내가 말했네. "토론 첫머리에서 우리가 기각한 우정에 관한 논의로 되돌아왔네. 훌륭한 사람들끼리 친구가 되는 것 못지않게 불의한 자들끼리도 나쁜 자들끼리도 친구가 될 테니 말일세."

"그런 것 같아요" 하고 그가 말했네.

"어떤가? 우리가 훌륭한 것과 친근한 것은 동일한 것이라고 주장한다면, 훌륭한 것들끼리만 친구가 될 수밖에 없겠지?"

"물론이지요."

"그런데 우리는 이 점도 충분히 논박했다고 생각하네. 자네들은 기억나지 않는가?"

"우리도 기억나요."

"그렇다면 우리가 논의를 계속해봤자 무슨 소용이 있겠는가? 아니면 아무 소용없다는 것이 분명한가? 그렇다면 나는 법정의 유능한 변호인처럼 지금까지 논의한 모든 것을 검토해보기를 자네들에게 요청하네. 만약 사랑받는 사람들도, 사랑하는 사람들도, 유사한 사람들도, 유사하지 않은 사람들도, 훌륭한 사람들도, 친근한 사람들도, 그 밖에 우리가 검토한 다른 가능성들도 ─내가 이렇게 말하는 이유는 그 수가 하도 많아 일일이 기억할 수 없기 때문일세─ 만약 이 가운데 어느 것도 친구가 아니라면, 나는 더는 할 말이 없네."

나는 그 자리에 있던 좀 더 나이 든 사람들 중 누군가의 관심을 끌기 위해 그런 말을 했는데, 마침 그때 메넥세노스와 뤼시스의 개인교사들이 이들의 형제들을 대동하고 마치 신령[40]들처럼 나타나서는 날이 벌써 저물었으니 집으로 가자고 요청했네. 처음에 우리와 우리 주위에 서 있던 사람들은 그들을 몰아내려 했네. 하지만 그들은 우리는 아랑곳하지 않고 이민족의 말투로 이제는 조금 화가 나서 자꾸만 소년들을 불러댔네. 그래서 헤르메스 축제에 b 서 술이 거나하게 취한 그들을 다루기가 쉽지 않을 것 같아 우리가 패배를 인정하고 모임을 파했네. 그러나 그들이 떠나갈 때 내가 말했네. "뤼시스와 메넥세노스, 오늘은 노인인 나도 자네들도 웃음거리가 되고 말았네. 여기 이 사람들은 떠나가면서, 우리가 서로 친구라고 생각하면서도—나는 나를 자네들의 친구로 여기니까—친구가 무엇인지조차 아직 알아내지 못했다고 말할 테니 말일세."

40 daimon.

라케스

용기에 관하여

대담자

뤼시마코스(Lysimachos) 기원전 490년의 마라톤(Marathon) 전투와 기원전 479년의 플라타이아이(Plataiai) 전투에서 아테나이(Athenai)군을 지휘하여 페르시아군을 격퇴하는 데 혁혁한 전공을 세운 '의인'(義人) 아리스테이데스 (Aristeides)의 아들이다. 그는 이때 60대 후반~70대 초반쯤 되었을 것으로 보인다.

멜레시아스(Melesias) 페리클레스(Perikles)의 정적으로 보수파 정치인이던 투퀴디데스(Thoukydides)의 아들이다. 이 투퀴디데스는 『펠로폰네소스 전쟁사』를 집필한 역사가와는 다른 사람이다. 그도 이때 60대 후반에서 70대 초반쯤 되었을 것으로 보인다.

니키아스(Nikias) 펠로폰네소스 전쟁(기원전 432~404년) 때 아테나이의 유능한 장군이다. 그러나 기원전 415년 우유부단한 성격 탓에 아테나이의 시칠리아 원정군을 해로로 후퇴시키는 데 실패하여 대군을 잃고 자신도 적군의 손에 처형당한다. 그는 이때 50세쯤 되었을 것으로 보인다.

라케스 펠로폰네소스 전쟁 때 아테나이의 과단성 있는 장군으로, 기원전 418년 만티네이아(Mantineia) 전투에서 아테나이군을 지휘하다가 전사한다. 그도 이때 50세쯤 되었을 것으로 보인다.

뤼시마코스의 아들과 멜레시아스의 아들

소크라테스 이때는 벌써 명성을 날리기 시작한 40대 후반의 아테나이 철학자이다. (이들은 기원전 420/419년에 이 대화를 나눈 것으로 추정한다.)

뤼시마코스 니키아스님과 라케스님, 두 분은 저 사람이 중무장하 고 싸우는 것을 참관하셨소. 여기 있는 멜레시아스님과 내가 함께 참관하자고 두 분에게 요청할 때는 그 까닭을 말하지 못했는데 이 제는 설명드리겠소. 우리는 두 분에게 솔직히 말씀드리는 것이 옳 다고 생각해요. 물론 어떤 사람들은 이런 솔직함을 우습게보고 누가 그들에게 조언을 구하면 마음속 생각은 말하지 않고 조언 구 하는 사람이 듣고 싶어 하는 말을 지레짐작하고는 마음속 생각과 다른 말을 해요. 그러나 우리는 두 분이 능히 판단할 수 있을뿐더 러 일단 판단하면 마음속 생각을 솔직하게 말씀해주시리라고 생 각했소. 그래서 우리는 지금 말씀드리고자 하는 일들과 관련해 두 분에게 조언을 구하려는 것이오.

　내가 서론을 길게 늘어놓은 이유는 이쯤 말씀드리고 이제 본론 으로 들어가겠소. 우리는 저마다 이렇게 아들이 한 명씩 있소. 그

178a

b

179a

라케스　**67**

중 한 명은 여기 있는 멜레시아스님의 아들로 할아버지의 이름을 따서 투퀴디데스라고 불리지요. 다른 한 명은 내 아들인데 역시 할아버지의 이름을 물려받았소. 그러니까 우리는 이 아이를 내 아버지의 이름을 따서 아리스테이데스라고 부른다는 말이지요. 그런데 우리는 이 아이들을 힘닿는 데까지 돌봐주고, 아들들이 일단 성년이 되면 제멋대로 하게 내버려두는 대부분의 아버지처럼 하지 않기로 결심했소. 아니, 우리는 지금이야말로 최선을 다해 아들들을 돌보기 시작할 때라고 생각하오.

b   우리는 두 분에게도 아들들이 있다는 것을 아니까 두 분은 어떻게 돌봐야 아들들이 최대한 훌륭한 인물이 되는지 하는 문제에 누구보다도 관심이 많을 것이라고 생각했소. 그러나 만약 두 분이 그런 문제에 별로 관심이 없다면, 우리는 두 분에게 그런 문제는 소홀히 해서는 안 된다는 점을 일깨워드리면서 우리와 힘을 모아 아들들을 돌보자고 권하고 싶어요.

    니키아스님과 라케스님, 이야기가 좀 길어지겠지만, 왜 우리가 그렇게 하기로 결심했는지 말씀드리겠소. 여기 있는 멜레시아스님과 나는 함께 식사를 하고, 소년들과도 같이 식사를 한답니다. 첫머리에서 말했듯이, 우리는 두 분에게 솔직히 말씀드리겠소. 우리는 저마다 우리의 아버지께서 동맹군들과 이 도시의 업무를 처리하시며 전시와 평화 시에 이룩하신 수많은 훌륭한 업적을 소년들에게 말해줄 수 있었지만, 둘 중 어느 누구도 자신이 이룩한 업적은 말할 것이 없었소. 그래서 우리는 소년들을 대하기가 부끄럽기

68

도 하고, 남들 일을 처리하느라 바쁜 나머지 우리가 성년이 되었을 때 호사스럽게 살도록 내버려두신 우리 아버지들이 원망스럽기도 d 해요. 그래서 우리는 여기 있는 젊은이들에게 그 점을 지적하면 서, 만약 그들이 자신을 돌보지 않고 우리가 시키는 대로 하지 않 으면 무명지인(無名之人)이 되겠지만, 만약 그들이 자신을 돌보면 이름에 걸맞은 인물이 될 것이라고 말해준답니다. 그러자 젊은이 들은 우리가 시키는 대로 하겠다고 약속했고, 그래서 우리는 그들 이 무엇을 배우고 무엇을 공부해야 최대한 훌륭한 인물이 될지 찾 는 중이라오. 그런데 어떤 사람이 젊은이들은 중무장하고 싸우는 e 법을 배우는 것이 좋을 거라며 그걸 배우게 해주라고 우리에게 권 했소. 또한 그는 두 분이 보신 바와 같이 방금 시연(試演)한 저 사 람을 추천하며 우리더러 가서 구경해보라고 했소. 그래서 우리는 몸소 와서 저 사람을 구경하되 두 분도 단지 같은 참관인으로서가 아니라 ─ 두 분만 좋으시다면 ─ 우리 아들들을 돌보는 일에 조언 자 겸 협력자로 모시기로 결심한 것이오.

이것이 우리가 두 분과 상의하고 싶은 문제라오. 그러니 두 분 180a 은 먼저 저 학과목이 배울 가치가 있다고 생각하는지 없다고 생각 하는지 말씀해주시고, 다음에는 젊은이에게 다른 학과목 또는 공 부를 권하고 싶으신지 말씀해주시오. 그에 더하여 우리 아들들을 가르치는 일에 두 분이 협력해주실 것인지도 말씀해주시오.

니키아스 뤼시마코스님과 멜레시아스님, 나는 두 분의 계획에 찬 동하며 기꺼이 협력하겠습니다. 그리고 여기 있는 라케스님도 아마 그러실 거예요.

b **라케스** 옳은 말씀이오, 니키아스님. 나는 뤼시마코스님이 방금 하신 말씀은 그분의 부친과 멜레시아스님의 부친은 물론이고 우리처럼 나랏일을 처리하는 모든 사람에게 적용된다고 생각해요. 그들은 모두 사실상 이분이 말씀하시는 것과 비슷한 처지에 놓이게 되어, 자식들과 관련되든 그 밖의 다른 것과 관련되든 사생활을 등한시하고 소홀히 하니까요. 그 점에서 그대 말씀이 옳아요, 뤼시마코스님. 그러나 나는 그대가 우리에게는 젊은이들의 교육에

c 관해 조언해주기를 청하면서 여기 있는 소크라테스님에게는 청하시지 않아 이상하다고 생각하고 있답니다. 무엇보다도 소크라테스님은 그대와 같은 구역[1] 출신인 데다, 그대가 젊은이들을 위해 찾고 있는 그런 종류의 학과목과 고상한 공부를 발견할 만한 장소들에서 늘 시간을 보내니까요.

뤼시마코스 라케스님, 무슨 말씀이신지요? 여기 있는 소크라테스님이 정말로 그런 일에 관심이 있다는 말씀이오?

라케스 그렇다니까요, 뤼시마코스님.

니키아스 그 일이라면 경험에 비춰 나도 라케스님 못지않게 보증할수 있소. 얼마 전에 그는 내 아들을 위한 음악 교사로 어떤 사람을

d 소개한 적이 있으니까요. 그 사람은 아가토클레스의 제자로 이름이 다몬[2]인데, 누구보다 음악에 조예가 깊을뿐더러 그 밖의 모든 분야에서도 그 또래 젊은이들이 그와 함께 시간을 보내기를 그대가 원할 만큼 훌륭한 교사라오.

뤼시마코스 소크라테스님과 니키아스님과 라케스님, 내 또래 사람들은 이미 젊은 세대를 잘 알지 못하오. 우리는 나이가 많아 대부분의 시간을 집에서 보내니까요. 하지만 소프로니코스[3]의 아드님이여, 그대와 같은 구역 출신인 이 사람에게 좋은 조언을 해줄 수 있다면 당연히 조언해주셔야지요. 그렇게 하는 것은 사실 그대의 e 의무라오. 그대는 그대 부친을 통해 우리 가족의 친구이니까요. 그대의 부친과 나는 언제나 동료이자 친구였고, 그분이 세상을 떠나시는 날까지 우리는 한 번도 사이가 나쁜 적이 없었으니 말이오. 그런데 여러분의 대화를 듣고 보니 이제야 생각나는 게 있소. 여기 이 소년들이 집에서 대화를 나눌 때 가끔 소크라테스라는 이름을 입에 올리며 극찬했지만, 나는 이 소년들이 말하는 것이 소프로니 코스의 아들인지 물어볼 생각은 하지 못했소. 애들아, 말해보아 181a 라. 너희들이 매번 거명한 소크라테스가 바로 이분이시냐?

뤼시마코스의 아들 맞아요. 이분이세요, 아버지.

뤼시마코스 소크라테스님, 그대가 더없이 훌륭하신 분이던 그대

---

1 demos. 당시 아테나이(Athenai)를 포함하는 앗티케(Attike) 지방은 174개 구역으로 나뉘어 있었는데, 소크라테스는 그중 알로페케(Alopeke) 구역 출신이다.
2 다몬(Damon)은 기원전 5세기 중엽에 활동한 아테나이의 유명한 소피스트이자 음악 교사이다. 그는 한 세대 전의 유명한 음악 교사인 아가토클레스(Agathokles)에게 배웠다고 한다. 다몬은 플라톤의 다른 대화편 『국가』(*Politeia*) 400a와 424c에서도, 아가토클레스는 대화편 『프로타고라스』(*Protagoras*) 316e에서도 언급되고 있다.
3 Sophronikos. 소크라테스의 아버지.

부친의 명예를 높여주신다니 듣기 반갑소. 무엇보다도 그대 가족과 우리 가족이 앞으로는 친하게 지낼 것 같기도 하고요.

라케스 뤼시마코스님, 정말이지 이분을 그냥 보내서는 안 됩니다. 나는 다른 곳에서도 이분이 아버지뿐 아니라 조국의 명예를 높여주는 것을 봤어요. 이분은 아테나이군이 델리온[4]에서 퇴각할 때 나와 함께했는데, 단언컨대 만약 다른 부대원도 이분처럼 행동했다면 우리나라는 안전했을 것이고 우리가 그때 그렇게 참패하지는 않았을 거예요.

뤼시마코스 소크라테스님, 그대는 지금 최고의 칭찬을 받고 있소. 그대는 믿을 만한 분들한테서 그분들에게 칭찬받을 만한 자질들 때문에 칭찬받으니까요. 단언컨대 나는 그대가 그토록 존경받는다는 말을 들으니 마음이 흐뭇하오. 그러니 그대는 나를 가장 우호적인 친구 가운데 한 명으로 여겨주시오. 사실 그대 스스로 진작 우리를 찾아주고, 우리를 그대 친구로 여겼으면 좋았을 것을. 그렇게 하는 것이 옳았겠구먼. 하지만 이제라도 우리가 서로 알게 됐으니 오늘부터라도 그러기를 바라마지 않소. 그대가 우리와 함께 시간을 보내며 우리와 여기 이 소년들과 사귀기를 바란다는 말이오. 그대와 이 아이들이 우리 집안끼리의 우애를 보전할 수 있도록 말이오. 그대는 아마 그렇게 해주실 것이며, 우리는 앞으로 그대의 약속을 그대에게 상기시키겠소. 그건 그렇고, 우리가 처음 제기한 문제에 여러분은 뭐라고 말씀하시겠소? 어떻게 생각하시오? 중무장하고 싸우는 법을 배우는 것이 소년들에게 유익한가요, 유

72

익하지 않은가요?

소크라테스 뤼시마코스님, 그 일에 관해서라면 나는 능력껏 조언
할 것이며, 여러분의 그 밖의 다른 모든 요청에도 최선을 다해 응
하겠습니다. 하지만 나는 여기 이분들보다 나이도 더 젊고 군무
(軍務) 경험도 더 적은 터라 이분들 말씀을 먼저 듣는 것이 더 옳
다고 생각합니다. 그러다가 여기 이분들의 말씀에 덧붙일 것이 있
으면, 그때는 그게 무엇인지 설명하고 그대와 이분들을 설득할까
합니다. 니키아스 장군님, 왜 그대들 두 분 가운데 한 분도 시작하
시지 않는 건가요?

니키아스 시작하지 못할 이유는 없어요, 소크라테스님. 나는 이 학
과목을 배워두는 것이 젊은이들에게 여러모로 유익하다고 생각 e
해요. 첫째, 젊은이들이 짬 날 때 시간 보내기를 좋아하는 그런 일
들보다는 이런 일로 시간을 보내는 것이 더 바람직하기 때문이오.
이것은 어떤 체력단련 못지않게 효과적이고 힘든 것이어서 반드시
몸 상태를 개선해줄뿐더러, 승마와 더불어 자유민에게 가장 적합 182a
한 체력단련이기도 하니까요. 우리가 함께 참가하고 있는 경기[5]와

---

4 델리온(Delion)은 앗티케 지방 북서쪽에 있는 보이오티아(Boiotia) 지방의 해
안도시이다. 기원전 424년 여기서 벌어진 전투에서 아테나이군은 1천 명 정도의
중무장보병을 잃고 참패한다. 이때 소크라테스가 침착하고 의연하게 퇴각하면서
위기에 놓인 라케스를 지켜준 일에 관해서는 플라톤의 대화편 『향연』(*Symposion*)
220e~221b 참조.
5 펠로폰네소스 전쟁.

우리의 경기가 진행되는 상황에서는 이 무구들을 사용할 줄 아는 사람들만이 훈련받은 사람들이니까요. 또한 이 학과목은 실제 싸움터에서 많은 사람과 밀집대형을 이루고 싸울 때도 도움이 될 것이오. 그러나 이 학과목의 혜택을 가장 많이 받는 것은 밀집대형이 무너져서 이제는 일대일로 싸우지 않으면 안 될 때라오. 자기를 방어하는 적을 추격해 공격해야 하거나 아니면 도망치면서 적군의 공격을 막아내야 할 때 말이오. 이 기술을 배운 사람은 적이 한 명일 때는 더 그렇겠지만, 어쩌면 적이 여러 명일 때도 아무런 해를 입지 않을 것이며, 오히려 어떤 상황에서든 우세할 것이오.

더불어 그런 기술은 또 다른 훌륭한 기술을 배우고 싶은 욕구를 불러일으킨다오. 중무장하고 싸울 줄 아는 사람은 누구나 그 다음 학과목인 작전술을 배우고 싶을 것이며, 일단 작전술을 습득해 거기에 자부심을 느끼면 장군의 모든 기술을 향해 매진할 것이오. 그러니 작전술과 장군의 기술과 관계있는 모든 기술과 활동은 훌륭하며 사람이 배울 만한 가치가 있는 것이지만, 중무장하고 싸우는 기술이 그런 것들의 출발점이라는 사실이 밝혀졌소.

우리는 거기에 하찮다고 할 수 없는 이점을 하나 더 보탤 것이오. 그것은 이 지식이 모든 사람을 전쟁터에서 전보다 훨씬 더 대담하고 용감하게 만들게 되리라는 것이오. 그리고 어떤 사람들에게는 하찮아 보일지 몰라도, 우리는 이 지식이 누가 당당해 보여야 할 때는, 그리고 당당해 보임으로써 적군을 더 겁주게 될 때는 당당해 보이게 한다고 말하는 것을 가치 없는 일로 여기지 않을 것

74

이오. 뤼시마코스님, 아까도 말했듯이 나는 젊은이들이 이 기술을 배워야 한다고 생각하며, 왜 그렇게 생각하는지 그 이유를 설명했소. 그러나 라케스님이 달리 할 말이 있으시다면, 내 기꺼이 듣겠소이다.

라케스 하지만 니키아스님, 무슨 학과목이건 배워서는 안 된다고 말하기는 어렵소. 모든 지식은 훌륭한 것이라고 생각하기 때문이오. 따라서 중무장하고 싸우는 법은 당연히 배워야 하오. 만약 그 e 것을 가르치는 사람들이 주장하고 니키아스님이 말씀하듯, 그것이 정말로 기술이라면 말이오. 그러나 만약 그것이 사실은 기술이 아니고 그것을 가르쳐주겠다는 사람들이 우리를 속이는 것이라면, 또는 만약 그것이 기술이기는 하지만 아주 중요한 기술이 아니라면, 그것을 배울 필요가 어디 있겠소? 내가 이런 말을 하는 까닭은, 그것이 만약 쓸모 있는 것이라면 라케다이몬[6]인들이 간과하지 않았을 것이라고 믿기 때문이오. 인생에서 그들의 유일한 관심사 $183a$ 는 일단 그것을 배우고 실천하면 전쟁에 관한 한 자기들이 남들보다 우월해질 수 있는 기술은 무엇이든 찾아내 연습하니까요. 또한 라케다이몬인들이 그 점을 간과했다 해도 그것을 가르치는 사람들은 이 점을 간과하지 않았을 것이오. 헬라스[7]인들 가운데 그런

---

6 라케다이몬(Lakedaimon)은 스파르테(Sparte) 또는 그 주변 지역인 라코니케(Lakonike)를 말하지만, 대개는 스파르테와 동의어로 쓰인다.
7 그리스.

일들에 가장 관심 많은 것이 그들이며, 라케다이몬에서 이런 일들로 존경받는 사람은 마치 비극시인이 아테나이에서 존경받을 때처럼 큰돈을 모으리라는 것을. 그래서 자기가 훌륭한 비극시인이라

b 고 생각하는 사람은 앗티케[8] 지방의 변두리 도시들을 순회하며 공연하지 않고, 당연한 일이지만 아테나이로 직행해서 이곳 사람들에게 자기 작품들을 보여주는 것이라오. 그런데 내가 알기에, 이 중무장 전사들은 마치 라케다이몬이 성역인 양 그곳에는 발도 들여놓지 않고 인접 국가들을 돌며 다른 사람들에게, 특히 전쟁 기술에 관한 한 자기들보다 더 우월한 사람들이 많다고 스스로 인정하는 사람들에게 보여주기를 선호하오.

c 또한 뤼시마코스님, 나는 실제 싸움터에서 그들을 몇 명 만났고 그들이 어떤 사람들인지도 보았습니다. 그러니 우리는 그런 시각에서도 문제를 고찰할 수 있습니다. 마치 약속이라도 한 것처럼 이들 훈련된 중무장 전사들은 전투에서 한 명도 명성을 날리지 못했어요. 다른 모든 기술에서 명성은 훈련과 연습의 결과물인데도 말이죠. 어쨌든 그들은 그 점에서 다른 사람들보다 운이 아주 나빴던 것 같아요.

d 예컨대 여러분과 나는 저 사람 스테실레오스[9]가 그토록 많은 관중 앞에서 시범을 보이며 자신에 관해 큰소리치는 것을 들었지만, 나는 그런 그가 다른 곳에서의 실전 상황에서 자신의 기술을 본의 아니게 더 훌륭하게 보여주는 것을 목격한 적도 있으니까요. 한번은 그가 해군으로 복무한 함선이 운반선을 들이받은 적이 있

76

었어요. 그는 낫 달린 창으로 무장하고 있었는데, 그 자신도 별 났지만 그것도 별난 무기였습니다. 그의 다른 기행(奇行)들은 별로 이야기할 가치가 없지만, 그가 이 낫 달린 창을 고안해낸 결과가 어땠는지는 들어볼 만합니다. 전투 도중 그의 낫 달린 창이 다른 배의 삭구(索具)에 걸려 꼼짝없이 그곳에 붙들렸어요. 스테실레오스는 그것을 뽑으려고 힘껏 당겼지만 그럴 수 없었고, 그 사이 그가 탄 함선은 그 배 옆을 지나가고 있었어요. 처음 얼마 동안 그는 창 자루를 꼭 붙든 채 계속 따라가며 자기가 탄 함선 위를 뛰었어요. 그러나 그 배가 실제로 그의 함선 옆을 지나치며 여전히 창을 잡고 있던 그를 끌어당기자, 그의 손에서 창 자루가 빠져나가면서 결국 그는 창 자루의 끝부분만 붙잡고 있었어요. 그러자 그의 이상한 자세에 운반선 뱃사람들이 웃음을 터뜨리며 갈채를 보냈고, 누가 던진 돌이 그의 발 앞 갑판 위에 떨어지면서 그가 창 자루마저 놓아버리자, 그때는 그의 그 별난 낫 달린 창이 운반선의 삭구에 대롱대롱 매달려 있는 것을 보고는 삼단노선[10]의 뱃사람들도 터져나오는 웃음을 참지 못했어요.

그 기술이 니키아스님의 말처럼 대단한 것일 수도 있겠지만, 내

e

184a

---

8 앗티케는 아테나이의 주변 지역이다.

9 Stesileos.

10 삼단노선(trieres)은 좌우 양현에 노 젓는 자리들이 3층씩 있는 전함이다. 길이 37미터, 최대 너비 5미터인 삼단노선은 당시로는 최신형 전함인데, 노꾼만 170명이나 되었고 모두 200명쯤 승선했다.

b   개인적인 경험은 내가 말한 그런 것이었죠. 그러니 내가 처음에 말했듯이, 그것은 기술이지만 쓸모없는 것이든 아니면 기술이랄 것이 없는데도 사람들이 기술이라고 주장하든, 어느 경우에도 그것은 배울 가치가 없습니다. 그러니 만약 겁쟁이가 그 기술을 터득했다고 자신한다면 더 대담해져서 그가 어떤 사람인지 더 쉽게 드러날 것이고, 만약 용감한 사람이 그렇게 자신한다면 사람들이 그를 지켜보다가 그가 조금이라도 실수하면 그를 크게 비난하겠죠.

c   그런 기술을 터득했다고 주장하면 시샘을 살 테니까요. 그래서 용기가 월등하지 않은 사람이 그런 기술을 갖고 있다고 주장하다가는 웃음거리가 될 수밖에 없어요. 뤼시마코스님, 이 기술을 배우는 문제에 대한 내 의견은 그런 것입니다. 그렇지만 아까도 말했듯이, 그대는 여기 있는 소크라테스님을 떠나보내지 말고, 그가 이 문제에 대해 어떻게 생각하는지 그에게 조언을 구하셔야 합니다.

뤼시마코스 당연히 조언을 구해야겠지요, 소크라테스님. 말하자면

d   우리 위원회는 아직도 최종 결정을 내려줄 사람이 필요한 것 같으니 말이오. 만약 라케스님과 니키아스님의 의견이 일치했더라면 그런 사람이 덜 필요했겠지요. 하지만 그대도 보다시피 두 분이 상반된 처지에서 투표하셨으니, 그대가 두 분 가운데 어느 쪽에 투표하는지 그대의 의견을 들어보는 것도 좋을 듯하군요.

소크라테스 어떤가요, 뤼시마코스님? 그대는 우리 중 다수가 찬동하는 쪽에 투표하실 건가요?

뤼시마코스 그렇소. 그럴 수밖에 없지 않겠소, 소크라테스님.

소크라테스 멜레시아스님, 그대도 그렇게 하실 건가요? 예컨대 우
리 위원회가 그대의 자제분이 어떤 종류의 체력단련을 해야 하는
지 결정한다면, 그대는 우리 중 다수가 시키는 대로 하실 건가요,
아니면 훌륭한 체육 교사에게 교육받고 훈련받은 사람이 시키는
대로 하실 건가요?

멜레시아스 그야 당연히 후자가 시키는 대로 해야겠지요, 소크라
테스님.

소크라테스 그렇다면 그대는 우리 네 명보다도 그가 시키는 대로
하시겠지요?

멜레시아스 아마 그러겠지요.

소크라테스 그래서 나는 훌륭한 결정을 내리려면 다수가 아니라
전문지식[11]에 근거해서 결정해야 한다고 생각해요.

멜레시아스 왜 아니겠소?

소크라테스 그렇다면 이번에도 우리가 먼저 해야 할 일은 우리 중
에 누가 지금 우리가 논의하는 주제에 전문지식을 갖추고 있는지
그 여부를 알아내는 겁니다. 만약 우리 중에 누가 전문지식을 갖
추고 있다면, 비록 한 사람에 불과하더라도 우리는 그의 말에 귀
기울이고 다른 사람들은 무시해야 합니다. 그러나 만약 우리 중에
아무도 전문지식을 갖춘 사람이 없다면, 우리는 다른 사람을 찾

---

11 episteme.

아야 합니다. 아니면 그대와 뤼시마코스님은 이 주제가 하찮은 것이고, 여러분 재산 가운데 가장 중요한 것이 걸린 문제는 아니라고 생각하시나요? 내 생각에 그것은 아들들이 훌륭해지느냐 아니면 그와 반대가 되느냐 하는 문제이며, 아버지의 전 재산은 아들들이 어떤 사람이 되느냐에 달린 것 같기에 드리는 말씀입니다.

멜레시아스 옳은 말씀이오.

소크라테스 그러니 우리는 정신을 바짝 차리고 이 문제를 풀어야 해요.

멜레시아스 물론이지요.

b **소크라테스** 그렇다면 내가 방금 말했듯이, 체력단련과 관련하여 우리 가운데 누가 가장 전문가인지 알아내려면 우리는 어떻게 검토해야 하나요? 그것은 배우고 훈련하고 그 분야에서 훌륭한 교사들에게 교육받은 사람이 아닐까요?

멜레시아스 나도 동감이오.

소크라테스 하지만 그러기 전에 먼저 우리가 교사들을 찾고 있는 이 기술이 어떤 것이었는지 검토해야 하지 않을까요?

멜레시아스 무슨 말씀이신지요?

소크라테스 아마 이렇게 정리하면 분명해지겠지요. 내 생각에 우리는 우리 중에 누가 그 분야의 전문가이며, 그러기 위해 교사들에게 배웠는지, 그리고 우리 가운데 누가 그렇지 않은지 물었을 c 때, 우리가 논의하고 고찰하는 것이 도대체 무엇인지 미리 합의에 도달하지 못한 것 같아요.

니키아스 그렇지만 소크라테스님, 우리는 젊은이들이 중무장하고 싸우는 법을 배워야 하는지 배우지 말아야 하는지 고찰하지 않았던가요?

소크라테스 그야 그렇지요, 니키아스님. 누가 눈에 약을 발라야 할지 말아야 할지 고찰할 때, 그대가 생각하기에 그가 이 순간 숙고하는 것은 약에 관해서인가요 아니면 눈에 관해서인가요?

니키아스 눈에 관해서겠지요.

소크라테스 또한 누가 말에 재갈을 물릴지 말지, 그리고 언제 물릴지 고찰할 때도 그가 이 순간에 숙고하는 것은 말이지 굴레가 아니겠지요?

니키아스 네, 맞아요.

소크라테스 간단히 말해, 누가 A를 B를 위한 수단으로서만 생각한다면, 그가 실제로 관심 있는 것은 그것 때문에 그가 A를 생각하는 B라오. 그는 다른 것의 수단으로 생각하는 것에는 사실 관심이 없어요.

니키아스 당연하지요.

소크라테스 그 점은 우리의 조언자도 마찬가지예요. 우리는 우리가 생각하는 목적을 달성하는 데 그가 전문가인지 고찰해야 합니다.

니키아스 물론이지요.

소크라테스 그렇다면 지금 우리가 고찰하는 것은, 배워두면 젊은이들의 혼에 유익하다고 생각하는 것이라고 말할 수 있겠지요?

니키아스 네.

소크라테스 그렇다면 우리가 해야 할 일은 우리 가운데 누가 혼을 돌보는 데 전문가인지, 혼을 잘 돌볼 수 있는지, 훌륭한 교사들에게 배웠는지 알아내는 것이겠군요.

라케스 무슨 말씀이신지요, 소크라테스님? 교사들에게 배웠을 때보다 교사들에게 배우지 않고도 더 전문가가 되는 분야도 더러 있답니다. 그대는 분명 그런 현상을 목격하셨을 텐데요.

소크라테스 물론 목격했지요, 라케스님. 하지만 그들 스스로 훌륭한 장인(匠人)[12]이라고 말하더라도, 그들의 기술로 훌륭하게 만든 제작물을 그대에게 하나가 아니라 여럿을 보여주지 않는 한 그대는 그들 말을 믿으려 하지 않을 겁니다.

186a

라케스 옳은 말씀이오.

소크라테스 그러니 라케스님과 니키아스님, 뤼시마코스님과 멜레시아스님이 자제분들의 혼을 최대한 훌륭하게 만들려고 우리에게 자제분들을 위해 조언해달라고 부탁하신 만큼, 우리를 가르친 교사들이 있었다고 말할 수 있으려면 우리는 그 교사들이 첫째, 훌륭한 분들로 수많은 젊은이들의 혼을 돌보았으며, 둘째, 분명 우리를 가르치기도 했다는 것을 이분들에게 밝혀야 합니다. 또는 만약 우리 가운데 누가 자기에게 교사는 없었지만 자신의 실적으로 말할 것이 있다면, 그는 아테나이인이든 외지인이든, 노예든 자유민이든, 누가 자신의 영향을 받아 훌륭한 사람이 되었다는 데 동의했는지 밝혀야 합니다. 그러니 우리가 이 가운데 어느 것도 할 수 없다면 다른 사람들을 찾아보라고 권해야 하며, 친구의 아들들을

b

82

망쳐 절친한 친구들에게 크게 비난받을 짓은 하지 않아야 합니다.

뤼시마코스님과 멜레시아스님, 먼저 나 자신에 관해 말씀드리 c
자면 내게는 이 주제와 관련하여 교사가 없었습니다. 비록 젊어서
부터 교사에게 배우고 싶었지만. 그러나 나는 자기들만이 나를 진
실로 훌륭한 사람으로 만들 수 있다고 선전하는 소피스트[13]들에
게 낼 수업료가 없고, 지금도 자력으로는 그 기술을 찾아낼 수 없
습니다. 그러나 니키아스님이나 라케스님이 그 기술을 찾아내거나
배우셨다면 나는 놀라지 않을 것입니다. 두 분은 나보다 더 부자
이니 남들에게 배우셨을 수도 있고, 또한 나보다 나이가 더 많으
니 벌써 찾아내셨을 수도 있으니까요. 그래서 나는 두 분이 사람 d
을 교육할 수 있다고 확신해요. 두 분은 자신들이 충분히 이해하
고 있다고 확신하지 않는 한, 어떤 활동들이 젊은이들에게 유익하
고 유해한지 무턱대고 말씀하신 적이 없으니까요.

다른 일들에서도 나는 두 분을 신뢰합니다. 하지만 나는 두 분
이 의견을 달리하셔서 놀랐어요. 그래서 뤼시마코스님, 이번에는

---

12 demiourgos.

13 소피스트의 그리스어 sophistes는 형용사 sophos('지혜로운')에서 파생한 명
사로, 직역하면 '지혜로운 사람'이라는 뜻이다. 이 말은 기원전 5세기에 보수를 받
고 지식을 가르쳐주는 순회 교사들을 의미했다. 그들은 수학, 문법, 지리 등 다양
한 과목을 가르쳤지만, 사회적 출세를 위해 젊은이들에게 주로 수사학을 가르쳤
다. 그들은 진리의 상대성을 주장한 까닭에 '궤변학파'(詭辯學派)라고 일컬어지기
도 한다.

내가 그대에게 부탁하고 싶어요. 조금 전에 라케스님이 그대에게 나를 떠나보내지 말고 나에게 물어보라고 권했듯이, 나는 지금 라케스님이나 니키아스님을 떠나보내지 말고 그분들에게 이런 말로 물어보라고 그대에게 권하고 싶어요. "소크라테스가 말하기를, 자기는 이런 문제를 이해하지도 못하거니와 그대들 두 분 중 누구 말이 옳은지 결정할 능력도 없는데, 이런 것들을 스스로 찾아낸 적도 없고 누구에게 배운 적도 없기 때문이랍니다. 그러니 라케스님과 니키아스님, 두 분은 각자 자기가 알고 있는 젊은이 교육의 대가(大家)가 누구인지, 두 분은 그것을 누구한테 배워서 아는 것인지 아니면 자력으로 찾아낸 것인지, 그리고 만약 두 분이 누군가에게 배운 것이라면 두 분 각자의 교사는 누구였으며, 그분 말고 또 누가 같은 분야의 전문가인지 말씀해주시오. 내가 이런 말을 하는 까닭은, 만약 두 분이 나랏일로 너무 바빠 여가가 없으시다면 우리가 그분들을 찾아가서 우리 아이들과 두 분의 아이들을 돌봐주도록 선물이나 호의를, 또는 둘 다를 내세워 그분들을 설득해 우리와 두 분의 아이들이 볼품없는 인물이 되어 조상들 얼굴에 먹칠하는 것을 막기 위해서랍니다. 반면 만약 두 분이 그 기술을 자력으로 찾아낸 것이라면, 남들이 여러분의 돌봄을 받아 원래 볼품없는 사람이 진실로 훌륭한 사람이 된 예를 들어주시오. 만약 두 분이 사람들을 이제 처음으로 교육하려는 것이라면, 명심하고 카리아[14] 출신 노예가 아니라 두 분의 아들들과 친구들의 아들이 두 분의 실험 대상이 되는 위험은 피해야 하며, 속담 말마

84

따나 도자기를 제작하되 가장 큰 포도주 저장용 독부터 제작하는 우를 범하지 말아야 하오. 그러니 두 분은 이 가운데 어느 쪽이 자신에게 알맞고 적절한지, 어느 쪽이 그렇지 않은지 말씀해주시오." 뤼시마코스님, 이분들을 떠나보내지 말고 그런 것들을 물어보세요.

뤼시마코스 여러분, 나는 소크라테스님이 한 말이 마음에 들어요. 그러나 그런 종류의 질문을 받고 답변할 것인지는 그대들이 결정할 일이오, 니키아스님과 라케스님. 만약 두 분이 소크라테스님의 모든 질문에 빠짐없이 답변해주시겠다면, 나와 여기 있는 멜레시아스님은 틀림없이 마음이 흐뭇할 것이오. 내가 첫머리에서 말했듯이, 우리가 여러분을 조언자로 초청한 이유는 무엇보다 여러분의 자제들도 우리 아이들처럼 이제는 교육받을 나이가 된 만큼 여러분도 그런 문제들에 당연히 관심이 있으리라고 생각했기 때문이오. 그러니 이의가 없으시다면, 여러분도 소크라테스님과 함께 서로 의견을 교환하며 이 문제를 논의하고 고찰하시오. 우리가 지금 논의하고 있는 것은 우리에게 가장 중요한 일이라는 소크라테님 말이 맞기 때문이오. 우리가 그래야 한다고 생각하시는지는 여러분이 결정하시오.

니키아스 뤼시마코스님, 내가 보기에 그대는 분명 소크라테스님의

14 카리아(Karia)는 소아시아의 남서부 지방이다.

아버지만 알고 소크라테스님과는 안면이 없으신 것 같군요. 물론

e 이분이 어릴 때 아버지를 따라 신전이나 공공 집회에 갔다가 그대

와 그대의 같은 구역민들과 마주쳤을 수는 있겠지만 말이에요. 아

무튼 그대는 이분이 장성한 뒤로는 한 번도 만나신 적이 없는 게

분명해요.

뤼시마코스 왜 그런 말씀을 하는 거요, 니키아스님?

니키아스 그대는 소크라테스님에게 바싹 다가가 대화하기 시작하

면 어떻게 되는지 모르시는 것 같군요. 그대의 원래 대화 주제가

무엇이었든 간에 그대는 소크라테스님의 논리에 계속 휘둘려서 결

188a 국에는 자신이 지금은 어떻게 살고 있으며 지금까지는 어떻게 살

았는지 설명하지 않을 수 없게 된답니다. 그리고 그대가 일단 걸려

들면 소크라테스님은 그것들을 하나하나 철저히, 그리고 엄밀히

시험해보기 전에는 놓아주지 않을 거예요. 나는 소크라테스님에

게 익숙해졌고, 사람들은 그에게 그렇게 당할 수밖에 없을뿐더러

나도 그에게 당하리라는 것을 잘 알고 있어요. 뤼시마코스님, 나

는 그와 함께하는 것이 즐거우니까요. 그리고 나는 우리의 과거 잘

b 못이나 현재 잘못을 지적당하는 것이 해로운 일은 아니라고 생각

해요. 오히려 만약 그대가 그렇게 지적당하는 것을 피하지 않고 기

꺼이 받아들인다면 앞으로는 틀림없이 더욱더 조심하시겠지요.

솔론의 말처럼,[15] 그대는 살아 있는 동안 배우는 것을 높이 평가할

것이며, 나이가 많아진다고 더 지혜로워지는 것은 아니라고 생각

하실 테니까요. 아무튼 나는 소크라테스님에게 시험당하는 것이

전혀 이상하지도 불쾌하지도 않아요. 사실 나는 소크라테스님이 함께하시면 소년들이 아니라 우리 자신이 논의의 초점이 되리라는 것도 진작부터 알고 있었어요. 그러니 나로서는 소크라테스님이 원하시는 대로 함께 시간을 보내는 데 반대할 이유가 없어요. 그렇지만 여기 있는 라케스님은 이런 문제들을 어떻게 생각하시는지 알아보는 것이 좋겠어요.

라케스 니키아스님, 토론에 대한 내 생각은 단순하답니다. 아니, 그대만 괜찮으시다면, 단순하지 않고 이중적이라오. 나는 어떤 사람들에게는 토론을 좋아하는 사람[16]으로 보일 수 있고, 다른 사람들에게는 토론을 싫어하는 사람[17]으로 보일 수도 있을 테니까요. 나는 어떤 사람이 미덕[18]이나 모종의 지혜에 관해 말하는 것을 들을 때마다, 그가 진실한 사람이고 자기가 말한 대로 살아간다면 그의 언행이 일치하고 서로 조화를 이루는 것을 보고는 크게 기뻐합니다. 사실 그런 사람이야말로 내가 보기에 완전한 음악가인 것 같아요. 그는 뤼라[19] 같은 기분 전환용 악기를 완벽하게 조율하는 것이 아니라, 이오니아 선법(旋法)[20]이나 프뤼기아 선법이나 뤼디

---

15 솔론, 단편 22(Diehl). "나는 늙어갈수록 더욱더 많은 것을 배운다."
16 philologos.
17 misologos.
18 arete.
19 뤼라에 관해서는 『뤼시스』 주 24 참조.
20 harmonia.

아 선법이 아니라 유일하게 헬라스[21]적인 선법인 도리스[22] 선법을 사용해 자신의 언행을 일치시키며 참된 삶을 살기 때문이오. 아무튼 그런 사람이 말하는 것을 들으면 유쾌해서 그가 하는 말에 열
e   심히 귀 기울이는 까닭에 나는 누구에게나 토론을 좋아하는 사람처럼 보인답니다. 반면 언행이 일치하지 않는 사람은 나를 짜증 나게 해 그런 사람이 말을 잘할수록 나는 그를 더욱더 미워하게 되어 나를 토론을 싫어하는 사람처럼 보이게 만든답니다.

나는 소크라테스님이 한 말들은 모르지만 전에 그의 행동들은 경험한 적이 있다고 생각하며, 그때 나는 그가 고상한 말을 구애
189a 받지 않고 솔직히 말할 자격이 있다는 것을 알았소. 만약 그의 말이 정말로 행동과 일치한다면, 나는 그에게 공감하며 흔쾌히 시험받을 것이며 짜증 내지 않고 그에게 배울 것이오. "나는 늙어갈수록 더욱더 많은 것을 배운다"는 솔론의 말에 나도 동의하니까요. 다만 나는 거기에 '훌륭한 사람들에게서'라는 한 가지 조건을 덧붙이겠소. 내가 배우는 것을 즐거워하지 않는 아둔한 제자가 되지 않으려면 가르치는 사람 자신이 훌륭한 사람이어야 한다는 데 솔론도 동의해야 할 것이오. 반면 나를 가르치는 사람이 나보다 더
b   젊은가 또는 아직은 유명하지 않은가 등등에는 전혀 관심이 없소이다. 그래서 소크라테스님, 나는 그대에게 나를 맡길 테니 그대 마음에 드는 방법으로 나를 가르치고 내 의견을 반박하시되, 내가 알고 있는 것은 나한테 배우시오. 그대와 내가 함께 위험에 빠졌을 때[23] 자기가 훌륭하다는 것을 보여주려는 사람만이 보여줄

수 있는 방법으로 그대가 자신의 용기를 입증한 그날부터 그대는 내게 그런 분이었으니까요. 그러니 그대는 좋으실 대로 말하고 우리의 나이 차이 따위에는 개의치 마시오.

소크라테스 우리는 그대들 두 분이 함께 조언을 구하거나 함께 검 c 토할 준비가 되어 있지 않다고 탓할 수 없을 것 같네요.

뤼시마코스 하지만 그것은 분명 우리가 할 일이오, 소크라테스님. 나는 그대를 우리 가운데 한 사람이라고 여기니까요. 그러니 그대가 나 대신 젊은이들을 위해 우리가 알고 싶은 것들을 여기 이분들한테서 알아내고, 이분들과의 토론을 통해 우리에게 조언해주시오. 나는 나이가 많아 기억력이 좋지 못한지라 내가 묻고자 한 것도, 내가 들은 답변도 대부분 잊어버린답니다. 특히 대화 도중에 다른 주제가 끼어들기라도 하면 나는 아무것도 기억나지 않아요. 그러니 청컨대, 제기된 문제를 여러분끼리 논의하시오. 나는 d 들을 것이며, 듣고 나서는 여러분이 결정하시는 대로 행할 것이

---

21 그리스.

22 이오니아(Ionia)는 소아시아 서해안과 그 부속 도서로 이루어진 곳이다. 프뤼기아(Phrygia)는 소아시아 중북부 지방이고, 뤼디아(Lydia)는 중서부 지방이다. 도리스(Doris)는 여기서 그리스 반도 중동부 지방이 아니라, '도리에이스족(Dorieis)의'라는 뜻이다. 도리에이스족은 아카이오이족(Achaioi)·이오네스족(Iones)과 더불어 고대 그리스의 3대 부족으로, 기원전 1100년께 북쪽에서 그리스 반도로 남하하여 주로 펠로폰네소스 반도에 정착했다. 다른 선법들이 여성적인 데 반해 도리스 선법은 남성적이라고 한다.

23 델리온 전투에서.

오. 여기 있는 멜레시아스님도 그렇게 할 것이오.

소크라테스 우리가 뤼시마코스님과 멜레시아스님의 부탁을 들어주도록 해요, 니키아스님과 라케스님. 우리가 조금 전에 검토하려고 한 문제들, 말하자면 이런 종류의 교육에서 우리의 교사들은 누구누구였으며, 우리는 누구누구를 더 훌륭한 사람으로 만들었는지 자문해보는 것도 아마 나쁜 생각은 아닐 테지요. 그렇지만 나는 같은 결론에 도달하되 제1원리와 더 가까운 데서 출발하는 다른 고찰 방법도 있다고 생각해요. 그게 무엇이든 어떤 것이 다른 것에 덧붙여지면 다른 것을 더 좋게 만든다는 것을 우리가 알고 있고, 게다가 그것을 덧붙일 수 있다고 가정해보세요. 그렇다면 우리는 분명 그것이 무엇인지 알고 있으며, 어떻게 해야 그것을 가장 쉽고 효과적으로 획득할 수 있는지 사람들에게 조언할 수 있어요. 혹시 내 말뜻을 이해하지 못하겠다면, 다음과 같이 생각하면 내 말뜻을 더 쉽게 이해하실 거예요. 우리는 시각(視覺)이 눈에 부여되면 시각이 부여된 눈이 더 좋아진다는 것을 알고 있고, 게다가 우리가 시각을 눈에 부여할 수 있다고 가정해보세요. 그렇다면 우리는 분명 시각이 무엇인지 알고 있으며, 어떻게 해야 시각을 가장 쉽고 효과적으로 획득할 수 있는지 사람들에게 조언할 수 있어요. 만약 시각이 무엇인지 또는 청각이 무엇인지조차 모른다면, 우리는 눈이나 귀에 대해, 그리고 어떻게 해야 청각이나 시각을 획득할 수 있는지에 대해 이렇다 할 조언자나 의사가 되기 어려울 테니까요.

라케스 옳은 말씀이오, 소크라테스님.

소크라테스 라케스님, 여기 이분들도 지금 어떻게 하면 자기 아들들의 혼에 미덕이 덧붙여져 아들들이 더 나은 사람이 될 수 있겠는지 조언해달라고 우리에게 부탁하는 것 아닌가요?

라케스 물론 그렇지요.

소크라테스 그렇다면 우리는 먼저 미덕이 무엇인지부터 알아야겠군요. 그도 그럴 것이, 만약 미덕이 도대체 무엇인지 전혀 모른다면, 미덕을 획득하는 최선의 방법이 무엇인지 우리가 어떻게 누구에게 조언할 수 있겠어요?

c

라케스 내 생각에도 그럴 수 없을 것 같아요, 소크라테스님.

소크라테스 그렇다면 라케스님, 우리는 미덕이 무엇인지 알고 있다고 말합시다.

라케스 네, 그렇게 말합시다.

소크라테스 그리고 우리가 아는 것이라면 틀림없이 그게 무엇인지 말할 수도 있습니다.

라케스 왜 아니겠어요?

소크라테스 그렇다면 가장 훌륭한 분이여, 처음부터 곧장 미덕 전체를 고찰할 것이 아니라―이는 어쩌면 우리에게 힘겨운 작업이 될지도 모르니까요―먼저 우리가 미덕의 한 부분을 충분히 알고 있는지 살펴보기로 해요. 그렇게 하면 아마 우리가 쉽게 고찰할 수 있을 겁니다.

d

라케스 소크라테스님, 그렇게 하기로 해요. 그대가 그러고 싶으시다면.

소크라테스 그렇다면 미덕의 어느 부분을 택할까요? 분명 중무장하고 싸우는 기술의 결과물이라고 생각하는 미덕을 택해야겠지요? 사람들은 대개 그것을 용기[24]라고 생각할 겁니다. 그렇지 않을까요?

라케스 그렇고말고요.

소크라테스 그렇다면 라케스님, 용기가 대체 무엇인지부터 말해보기로 해요. 그런 다음 젊은이들이 어떤 방법으로 용기를 획득할 수 있는지 고찰하기로 하지요. 활동이나 학습을 통해 용기를 획득할 수 있는 범위 내에서. 자, 내가 묻는 말에 대답해보세요. 용기는 무엇인가요?

라케스 제우스에 맹세코, 그건 말하기 어렵지 않아요, 소크라테스님. 누가 밀집대형에서 제자리를 지키며 적군을 물리치고 도망치지 않는다면, 잘 알아두시오, 그런 사람이야말로 용감한 사람이겠지요.

소크라테스 옳은 말씀입니다, 라케스님. 한데 그대가 동문서답하신 것은 내가 명확하게 표현하지 않은 탓인 것 같네요.

라케스 무슨 말씀이신가요, 소크라테스님?

소크라테스 내가 할 수 있는 한 설명해보겠어요. 그대 주장에 따르면, 밀집대형에서 제자리를 지키며 적군을 물리치는 사람이 용감한 사람입니다.

라케스 네, 나는 그렇다고 주장하오.

92

소크라테스 나도 동의해요. 한데 제자리를 지키는 것이 아니라 후퇴하면서 적군과 싸우는 사람은 어떤가요?

라케스 '후퇴하면서'라니, 그게 무슨 뜻이지요?

소크라테스 사람들이 말하기를, 스퀴타이족[25]은 후퇴할 때도 적군을 추격할 때 못지않게 효과적으로 싸운다더군요. 호메로스[26]도 '이리저리 추격하거나 도망치는 데 능숙하다'고 아이네이아스[27]의 말들을 칭찬하는가 하면, 아이네이아스 자신도 공포가 무엇인지 알고 있다고 칭찬하며 그를 '공포감을 불러일으키는 사람'[28]이라고 부르고 있어요.

b

라케스 호메로스가 그렇게 하는 것은 옳아요, 소크라테스님. 그는 전차(戰車)에 관해 말했으니까요. 그대도 스퀴타이족의 기병들을 말하는 것이고요. 아닌 게 아니라 기병들은 그렇게 싸우지요. 하지만 중무장 보병들은 내가 말한 것처럼 싸워요.

소크라테스 아마도 라케다이몬인들의 중무장 보병들은 예외일 겁

---

24 andreia.
25 스퀴타이족(Skythai)은 흑해 북쪽의 남러시아에 살던 기사(騎射) 유목민족이다.
26 호메로스에 관해서는 『뤼시스』 주 34 참조.
27 아이네이아스(Aineias)는 트로이아 전쟁 때 트로이아의 젊은 장수이다.
28 호메로스는 이 말을 적군에게 공포감을 불러일으킨다는 뜻으로 썼지만, 플라톤은 여기서 자기에게 또는 아군에게 공포감을 불러일으킨다는 뜻으로 사용하고 있다.

c 니다, 라케스님. 사람들이 말하기를, 플라타이아이[29]에서 버들가
지를 엮은 방패를 든 페르시아군과 마주쳤을 때 그들은 제자리를
지키며 맞서 싸우려 하지 않고 후퇴하면서 페르시아군의 대오가
흐트러지자 기병들처럼 돌아서서 싸운 작전 덕분에 그곳 전투에
서 이겼다고 하니 말입니다.

라케스 옳은 말씀이오.

소크라테스 그래서 나는 조금 전에 그대가 동문서답하신 것은 내
가 잘못 질문했기 때문이라고 말한 것입니다. 나는 중무장 보병들
d 을 위한 용기뿐만 아니라 기병들과 모든 분야의 전사들을 위한 용
기에 관해서도 그대에게 묻고 싶었으니까요. 나는 또한 전쟁에서
용감한 사람뿐 아니라 바다에서 위기에 맞닥뜨려 용감한 사람과
질병과 가난과 나랏일에서 용감한 사람, 나아가 고통과 두려움에
직면해 용감한 사람뿐만 아니라 욕망과 쾌락에 영웅적으로 맞서
e 싸우는 사람들도 거기에 포함하고 싶었지요. 그들이 제자리를 지
키든 적에게 등을 돌리든 말예오. 라케스님, 이런 상황에서도 용
감한 사람이 더러 있을 테니까요.

라케스 그렇고말고요, 소크라테스님.

소크라테스 그런 사람들은 모두 용감해요. 하지만 어떤 사람들은
쾌락을 수반하는 상황에서, 어떤 사람들은 고통을 수반하는 상
황에서, 어떤 사람들은 욕망을 수반하는 상황에서, 어떤 사람들
은 두려움을 수반하는 상황에서 용감할 것이오. 그런가 하면 다
른 사람들은 아마 똑같은 상황에서 겁쟁이가 될 것이오.

라케스 물론이지요.

소크라테스 그렇다면 용기와 비겁함은 각각 무엇인가요? 나는 그것이 알고 싶어요. 그러니 먼저 이 모든 상황에서 동일한 것인 용기에 대해 한 번 더 말씀해주세요. 혹시 내 말을 아직도 이해하지 못하셨나요?

라케스 정확히는 이해하지 못했소.

소크라테스 내 말뜻은 이런 겁니다. 내가 그대에게 속도[30]가 무엇 192a 인지 물었다고 가정해보세요. 그런데 속도는 달리기, 뤼라 연주, 말하기, 배우기 등등에서 우리가 발견할 수 있는 것으로, 사실 우리가 사용하는 것이 손이든 다리든 입이든 목소리든 마음이든 언급할 가치가 있는 모든 활동의 속성입니다. 그대도 속도라는 말을 그렇게 사용하지 않으시나요?

라케스 물론 그렇게 사용하지요.

소크라테스 그렇다면 누가 나에게 "소크라테스, 그대는 그런 모든 상황에서 그대가 '속도'라고 부르는 것이 대체 무엇이라고 말하시오?"라고 묻는다면, 나는 그에게 "내가 속도라고 부르는 것은 말 b

---

29 플라타이아이(Plataiai 또는 Plataia)는 보이오티아 지방의 수도 테바이(Thebai) 남쪽에 있는 도시이다. 기원전 479년 이곳에서 스파르테군과 아테나이군을 주축으로 한 그리스 연합군은, 살라미스(Salamis) 해전에 패하고 그리스에 남아 있던 페르시아 보병부대를 섬멸하고 페르시아 전쟁을 종식시킨다.

30 tachos.

하기에서든 달리기에서든 그 밖의 다른 경우에서든 짧은 시간에 많은 일은 해내는 능력[31]이올시다"라고 대답할 겁니다.

라케스 그러면 그대는 옳은 말을 하시는 겁니다.

소크라테스 그렇다면 라케스님, 용기에 대해서도 같은 식으로 말씀해주세요. 쾌락과 고통과 그 밖에 우리가 방금 언급한 모든 상황에서 동일한 것인 그것은 대체 어떤 능력이기에 용기라고 불리는 건가요?

c **라케스** 나는 용기가 일종의 혼의 인내[32]라고 생각하오. 만약 그런 모든 상황에서 용기의 본성이 무엇인지 꼭 말해야만 한다면 말이오.

소크라테스 꼭 그래야만 하고말고요. 스스로 제기한 질문에 우리가 답변을 하자면 말입니다. 이번에는 내 생각을 말할게요. 그대는 모든 종류의 인내를 용기로 여기는 것은 아닌 듯해요. 내가 이렇게 말하는 이유는, 나는 그대가 용기를 아주 훌륭한 것으로 여기신다고 사실상 확신하기 때문입니다.

라케스 그래요. 용기는 가장 훌륭한 것들 가운데 하나이지요. 믿어도 돼요.

소크라테스 그런데 지혜[33]를 수반하는 인내라야 고상하고 훌륭하겠지요?

라케스 물론이지요.

d **소크라테스** 어리석음[34]을 수반하는 인내는 어떤가요? 그것은 반대로 위험하고 해롭지 않을까요?

라케스 그렇지요.

96

소크라테스 그대는 해롭고 위험한 것을 고상하다고 말씀하실 텐가요?

라케스 그건 옳지 못하겠지요, 소크라테스님.

소크라테스 그러면 그대는 이런 종류의 인내가 용기라는 데 동의하지 않겠군요. 그것은 고상하지 못한데, 용기는 고상한 것이니까요.

라케스 옳은 말씀이오.

소크라테스 그대 논리에 따르면 지혜로운 인내만이 용기로군요.

라케스 그런 것 같네요.

소크라테스 한데 그것이 어떤 점에서 지혜로운지 살펴보도록 합시 e
다. 그것은 크고 작고를 떠나 모든 상황에서 지혜로운가요? 예컨
대 누가 지금 돈을 씀으로써 나중에 더 많이 갖게 되리라는 것을
알고서 인내력을 발휘하며 지혜롭게 돈을 쓴다면, 그대는 그를 용
감한 사람이라고 부르실 텐가요?

라케스 제우스에 맹세코, 나는 그러지 않을 것이오.

소크라테스 또한 예컨대 누가 의사인데, 폐렴을 앓는 아들이나 다
른 환자가 먹을 것이나 마실 것을 달라고 간청하는데도 청을 들어
주지 않고 인내력을 발휘하며 거절한다면 어떨까요? $193a$

---

31 dynamis.
32 karteria.
33 phronesis. 실천적인 지혜.
34 aphrosyne.

라케스 그 역시 전혀 용기가 아니오.

소크라테스 누가 전투에서 인내력을 발휘한다고 가정해보세요. 그는 전의를 불태우고 있는데, 지혜에 힘입어 계산할 줄 알기 때문입니다. 말하자면 그는 전우들이 자기를 도우리라는 것과, 아군보다 수도 적고 열등한 적군과 싸우게 되리라는 것과, 게다가 자기 위치가 더 유리하다는 것을 알고 있어요. 그대는 어느 쪽이 더 용감하게 인내력을 발휘할 것이라고 생각하시나요? 이런 지혜와 준비태세를 갖춘 이 사람인가요, 아니면 반대편 군영에서 제자리를 지키며 인내력을 발휘하려는 사람인가요?

b   **라케스** 내 생각엔 반대편 군영에 있는 사람 같아요, 소크라테스님.

소크라테스 그러나 그의 인내는 분명 다른 사람의 인내보다 더 어리석지요.

라케스 옳은 말씀이오.

소크라테스 그렇다면 그대는 승마술에 근거해 기병전에서 인내력을 발휘하는 사람을 그런 기술이 없는 사람보다 덜 용감하다고 말씀하시겠군요.

라케스 내 생각에는 그럴 것 같아요.

소크라테스 그렇다면 투석병이나 궁수의 기술이나 그 밖의 다른 기술에 근거해 인내력을 발휘하는 사람도 그 점에서는 마찬가지겠네요.

c   **라케스** 물론이지요.

소크라테스 그대는 또한 그런 일에 별로 능하지 못하면서 우물로

내려가 잠수하는 일이나 그와 비슷한 일에 인내력을 발휘하려는 사람도 그런 일에 능한 사람보다 더 용감하다고 말씀하시겠군요.

라케스 그 밖에 무슨 다른 말을 할 수 있겠어요, 소크라테스님?

소크라테스 할 수 없겠지요. 그렇게 생각하는 사람이라면.

라케스 한데 나는 그렇게 생각하오.

소크라테스 하지만 라케스님, 그런 일에 능하지 못한 사람들은 기술을 갖추고 그런 일을 하는 사람들보다 분명 더 어리석은 방법으로 위험을 무릅쓰며 인내력을 발휘하는 것입니다.

라케스 그런 것 같아요.

소크라테스 그런데 어리석은 대담성과 인내는 앞서 창피스럽고 해 d 로운 것으로 밝혀지지 않았던가요?[35]

라케스 그랬지요.

소크라테스 그러나 용기는 고상한 것이라는 점에 우리는 의견이 일치했어요.

라케스 의견이 일치했고말고요.

소크라테스 그런데 지금 우리는 그와 반대로 창피스러운 것, 즉 어리석은 인내가 용기라고 말하고 있어요.

라케스 그런 것 같군요.

소크라테스 그대는 우리가 그렇게 말하는 것이 옳다고 생각하시

---

35 184b와 192d 참조.

나요?

라케스 제우스에 맹세코, 나는 옳다고 생각하지 않아요.

소크라테스 그럼 라케스님, 그대의 표현을 빌리자면 그대와 나는 도리스 선법에 따라 조율되지 않은 것 같군요. 우리는 말과 행동이 일치하지 않으니까요. 누가 행동으로써 우리를 판단한다면 우리가 용감하다고 생각하겠지만, 지금 우리가 대화하는 것을 엿듣고 말로써 우리를 판단한다면 그렇게 생각하지 않을 것 같으니까요.

라케스 지당한 말씀이오.

소크라테스 어떻습니까? 우리가 이런 처지에 놓이게 된 것이 좋은 일일까요?

라케스 어느 모로 보나 좋은 일은 아니지요.

소크라테스 그렇다면 그대는 우리가 말한 원칙에 그 정도는 따르실 건가요?

라케스 그 정도라니 그게 어느 정도이며, 원칙이라니 그게 어떤 원칙이죠?

소크라테스 인내의 원칙 말예요. 그대만 좋으시다면, 우리도 탐구에서 굳건하게 버티며 인내력을 발휘하도록 해요. 무엇보다도 인내 자체가 사실은 용기라는 것이 밝혀질 경우, 용기를 찾는 일에 우리가 용감하지 못하다고 용기 자체가 우리를 비웃지 않도록 말입니다.

라케스 소크라테스님, 내가 미리 포기하는 일은 없을 것이오. 내 비록 이런 종류의 토론에 익숙하지 못하기는 하지만, 오히려 토론을 하다 보니 일종의 승벽에 사로잡혀 내가 이처럼 내 생각을 표현하지 못하는 것에 사실 나는 화가 나 있다오. 용기가 무엇인지 알겠다고 생각하는 순간 나도 모르게 용기가 어디로 달아나는 바람에 말로 포착하여 표현할 수 없으니 말이오.

소크라테스 맞아요, 라케스님. 훌륭한 사냥꾼은 계속해서 추적해야지 포기해서는 안 되겠지요.

라케스 전적으로 동의하오.

소크라테스 그렇다면 그대는 우리가 여기 있는 니키아스님에게도 사냥에 참여해주십사 부탁하기를 바라시나요? 혹시 이분이 우리보다 사냥을 더 잘한다면 말입니다.

라케스 나야 물론 그러기를 원하지요.

소크라테스 자, 그렇다면 니키아스님, 그대는 토론이라는 폭풍을 만나 길을 찾지 못하는 친구들을 도와주십시오. 그대에게 그럴 능력이 있다면. 그대도 보시다시피 우리는 곤경에 빠져 있어요. 그러니 그대는 용기가 무엇이라고 생각하는지 말씀하시어 우리가 곤경에서 벗어나게 해주시고, 또한 그대의 생각을 말로 표현함으로써 확인해주세요.

니키아스 소크라테스님, 나는 아까부터 그대들이 용기를 제대로 정의하지 못하고 있다는 생각이 들었소. 나는 전에 그대가 기발한 말[36]을 하는 것을 들었건만, 그대들은 그 말을 이용하지 않으시더군요.

소크라테스 그게 어떤 말이었지요, 니키아스님?

d **니키아스** 나는 그대가 우리는 저마다 자기가 아는 일에는 훌륭하고 자기가 모르는 일에는 나쁘다고 말하는 것을 여러 번 들었어요.

소크라테스 제우스에 맹세코, 그대 말씀이 옳아요, 니키아스님.

니키아스 그러니 용감한 사람이 훌륭하다면, 그는 분명 지혜로울 것이오.

소크라테스 들으셨나요, 라케스님?

라케스 들었소. 하지만 그의 말뜻을 정확히 이해하지 못하겠소.

소크라테스 나는 이해했다고 생각해요. 이분은 용기가 일종의 지식[37]이라고 말하는 것 같아요.

라케스 어떤 지식인가요, 소크라테스님?

e **소크라테스** 그건 이분에게 물어보십시오.

라케스 그러지요.

소크라테스 자, 니키아스님. 그대 생각에 따르면 용기가 어떤 종류의 지식인지 이분에게 말씀해주세요. 설마 피리[38] 연주에 관한 지식은 아니겠지요.

니키아스 아니고말고요.

소크라테스 키타라[39] 연주에 관한 지식도 아닐 테고요.

니키아스 물론 아니지요.

소크라테스 그렇다면 그것은 무엇에 관한 어떤 지식[40]인가요?

라케스 그대는 이분에게 제대로 질문하시는구려, 소크라테스님. 이분이 그걸 어떤 지식이라고 말씀하시는지 들어봅시다.

니키아스 말할게요, 라케스님. 용기는 전쟁이나 그 밖의 모든 다른

상황에서 무엇이 두려움에 떨게 하고[41] 무엇이 자신감을 불어넣는
가[42]에 관한 지식이오.

라케스 이분 참 이상한 말씀을 하시네요, 소크라테스님.

소크라테스 무엇을 염두에 두고 그렇게 말씀하시는 건가요, 라케스님?

라케스 무엇을 염두에 두고 그러느냐고요? 지식과 용기는 전혀 별개의 것이라는 거죠.

소크라테스 니키아스님은 동의하지 않으실 텐데요.

라케스 제우스에 맹세코, 동의하지 않겠지요. 그래서 이분은 허튼소리를 하는 것이오.

소크라테스 우리는 이분을 비난할 게 아니라 가르쳐주도록 해요.

니키아스 그래야지요. 하지만 소크라테스님, 라케스님은 방금 내가 자기를 허튼소리를 하는 사람으로 드러냈기 때문에 나도 허튼소리를 하는 사람으로 드러내고 싶은가 봐요.

---

36 "용기는 무엇을 두려워하고 무엇을 두려워하지 말아야 하는지 아는 지식이다"라는 말을 가리키는 듯하다. 이에 관해서는 『프로타고라스』 360c~d, 『국가』 429b~430c 참조.

37 sophia. 대개 철학적인 '지혜'라고 번역한다.

38 aulos.

39 kithara. 고대 그리스의 발현악기로 뤼라를 개량한 것이다.

40 episteme.

41 ta deina.

42 ta tharrhalea.

라케스 맞아요, 니키아스님. 그리고 나는 그걸 꼭 밝히겠소. 그대는 허튼소리를 하니까요. 비근한 예를 들자면, 병을 치료할 경우에 의사들이야말로 무엇이 두려움에 떨게 하는가에 관한 지식을 가진 사람들 아닌가요? 아니면 그대는 용감한 사람이 그런 지식을 갖고 있다고 생각하시오? 그것도 아니면 그대는 의사들을 용감한 사람들이라고 일컬으시오?

니키아스 전혀 그렇지 않아요.

라케스 아마 농부들도 용감하다고 일컫지는 않겠지요. 비록 농사와 관련해 농부들이야말로 무엇이 두려움에 떨게 하는가에 관한 지식을 가진 사람들이지만 말이오. 또한 다른 장인들도 모두 자신들의 기술 분야에서 무엇이 두려움에 떨게 하고 무엇이 자신감을 불어넣는가에 관한 지식을 가진 사람들이오. 하지만 그럼에도 그들은 용감한 사람들은 아니오.

소크라테스 니키아스님, 이분의 말뜻을 이해하시겠어요? 이분 말씀에도 일리가 있는 것 같아요.

니키아스 이분 말씀에 일리가 있긴 하지만 전혀 사실이 아니오.

소크라테스 어째서 그렇지요?

니키아스 이분은 환자에 관한 의사의 지식이 건강과 질병에 국한된다는 것을 모르고 있으니까요. 의사는 분명 그 이상은 알지 못해요. 라케스님, 건강 회복이 병든 것보다 어떤 사람에게는 더 두려운 것일 경우, 그대는 의사가 정말로 그것을 알 것이라고 생각하시오? 그대는 건강을 회복하는 것보다 회복하지 못하는 편이 많은 사람들에게 더 낫다고 생각하지 않나요? 말씀해보시오. 그대는 모두에게 사는 것이 더 낫다고 주장하시오? 가끔은 사람들에게 죽는 것이 더 낫지 않을까요?

라케스 그 점에는 나도 동의하오.

니키아스 그대는 죽는 것이 더 나은 사람들이나 사는 것이 더 나은 사람들이나 똑같은 것들이 두려움에 떨게 할 것이라고 생각하시오?

라케스 나는 그렇게 생각하지 않소.

니키아스 그런데 그대는 의사나 다른 장인은 그것을 알지만, 두려워할 것과 두려워하지 말아야 할 것을 아는 사람, 즉 내가 용감하다고 일컫는 사람은 그것을 모른다고 생각하시오?

소크라테스 이분이 무슨 말씀을 하시는지 아시겠어요, 라케스님?

라케스 알고말고요. 이분은 예언자들을 용감한 사람들이라고 부르고 있는 것이오. 왜냐하면 어떤 이에게는 죽는 것보다 사는 것이 더 좋은지를 예언자들 말고 누가 알겠소? 그런데 니키아스님, 그대는 자신을 예언자라고 생각하시오, 아니면 예언자도 아니고 용감하지도 않다고 생각하시오?

니키아스 무슨 말씀이시죠? 그대는 무엇이 두려움에 떨게 하고 무엇이 자신감을 불어넣는지 아는 것은 예언자들 몫이라고 주장하시는 건가요?

라케스 그렇소. 예언자가 아니면 누구의 몫이겠어요?

니키아스 여보시오, 그건 내가 말하고 있는 사람의 몫이라고 보는 편이 훨씬 더 타당할 것이오. 예언자는 이를테면 누가 죽게 될지 아니면 병에 걸릴지 아니면 돈을 잃게 될지, 또는 전투나 그 밖의 온갖 시합에서 이기게 될지 아니면 지게 될지 미래사의 전조를 풀이할 줄 알면 되지요. 누가 그런 일을 당하는 게 더 좋은지 당하지 않는 게 더 좋은지 판단하는 일이 왜 어느 누구보다도 예언자의 몫이어야 하나요?

라케스 소크라테스님, 솔직히 나는 이분이 무슨 말을 하시는 건지 이해하지 못하겠어요. 이분은 예언자도 의사도 그 밖의 어느 누구도 자기가 생각하는 용감한 사람이라고 밝히지 않고 있으니까요. 이분은 아마도 그것은 신이라고 생각하나 봐요. 내가 보기에 니키아스님은 자기가 허튼소리를 하고 있다는 것을 점잖게 인정하기는커녕, 자신이 곤경에 빠진 것을 감추기 위해 이리저리 발뺌하는 것 같아요. 그렇게 발뺌하는 일이라면 그대와 나도 할 수 있었을 것이오. 만약 우리가 자가당착에 빠졌다는 것을 감추고 싶었다면 말이오. 우리가 법정에서 이런 토론을 한다면, 그렇게 하는 것도 일리가 있겠지요. 그렇지만 지금처럼 친구끼리 모인 자리에서 왜 누군가가 빈말로 자신을 꾸며야 하지요?

소크라테스 내 생각에 그럴 이유는 전혀 없는 것 같아요, 라케스님. 하지만 니키아스님은 자기 말에는 일리가 있으며 자기는 말을 위해 말을 하는 것이 아니라고 생각할 수도 있어요. 그러니 우리는 이분이 대체 무슨 생각을 하고 있는지 더 자세히 설명해달라고 합시다. 그리하여 이분의 말에 일리가 있는 것으로 드러나면 우리가 이분에게 동의할 것이고, 그렇지 않으면 우리가 이분의 잘못을 지적해줄 겁니다.

라케스 소크라테스님, 알고 싶은 것이 있으면 그대가 물어보시구려. 나는 이미 충분히 물어본 것 같으니까요.

소크라테스 내가 그렇게 하지 못할 이유는 없지요. 나는 우리 두 사람 모두를 위해 묻는 것이니까요.

라케스 그렇고말고요.

소크라테스 그렇다면 니키아스님, 나에게, 아니 우리에게 말씀해주십시오. 나와 라케스는 둘 다 토론에 참가하고 있으니까요. 그대의 주장에 따르면, 용기란 무엇이 두려움에 떨게 하고 무엇이 자신감을 불어넣는가에 관한 지식인가요?

니키아스 그렇소.

소크라테스 그렇다면 그것은 누구나 가진 지식이 아닙니다. 만약 그대의 주장처럼 의사도 예언자도 그런 지식이 없고 그런 지식을 따로 획득하지 못하는 한 용감해지지 못한다면 말예요. 그렇게 말씀하신 것 아닌가요?

니키아스 맞아요. 그렇게 말했소.

소크라테스 그렇다면 사실 그것은 속담처럼 아무 돼지나 아는 것[43]이 아니며, 따라서 아무 돼지나 용감해지는 것도 아니겠군요.

---

43 '개나 돼지도 아는 것'이라는 속담을 말한다고 한다.

니키아스 나는 아니라고 생각하오.

소크라테스 그렇다면 니키아스님, 그대는 분명 크롬뮈온[44]의 암퇘지가 용감했다는 것도 믿지 않으시겠네요. 내가 이런 말을 하는 까닭은 농담하자는 것이 아니라, 그대의 주장에 동조하는 사람은 어떤 야수의 용기도 인정하지 않거나, 아니면 어떤 야수는—이를테면 사자나 표범이나 멧돼지는—대부분의 사람들에게는 너무 어려운 것들도 능히 알 수 있을 만큼 지혜롭다는 데 동의하지 않을 수 없다고 생각하기 때문입니다. 그리고 용기를 그대처럼 규정하는 사람은 사자나 수사슴이나, 황소나 원숭이나 똑같은 용기를 타고났다고 주장해야 맞습니다.

라케스 소크라테스님, 정말 훌륭하게 말씀하셨소. 니키아스님, 우리에게 솔직하게 대답해주시오. 그대는 우리 모두 용감하다고 인정하는 이들 야수가 인간들보다 더 지혜롭다고 생각하시오, 아니면 감히 보편적인 견해에 맞서 이들 야수는 용감하지도 않다고 주장하시오?

니키아스 라케스님, 나는 야수나 그 밖에 어리석기에 두려워해야 할 것을 두려워하지 않는 어떤 것도 용감하다고 부르지 않고, '겁이 없다'거나 '멍청하다'고 부른다오. 아니면 그대는 알지 못하기 에 아무것도 두려워하지 않는 모든 아이들을 내가 용감하다고 부를 거라 생각하시오? 아니, 나는 겁 없는 것과 용감한 것은 같은 것이 아니라고 생각하오. 용기와 선견지명은 소수의 사람들만이 갖춘 자질이고, 대담성과 무모함과 겁 없음과 앞을 내다보지 못함

은 대다수의 남자와 여자와 어린아이들과 야수들이 지닌 자질이
라는 것이 내 생각이오. 그대와 대부분의 사람들이 용감하다고
부르는 행위들을 나는 대담하다고 부르며, 내가 말하는 용감한   c
행위들이란 지혜로운 행위들이오.

라케스 소크라테스님, 이분이 말로 자신을 꾸며대며 스스로가 잘
하고 있는 줄 아는 모습 좀 보시구려. 그러면서 이분은 만인이 용
감하다고 인정하는 사람들에게서 명예를 빼앗으려 하고 있어요.

니키아스 라케스님, 내 그대에게는 그러지 않을 테니 안심하시구
려. 나는 그대가 용감한 한 지혜롭다고 말할 테니까요. 그 점은 라
마코스[45]와 수많은 아테나이인들도 마찬가지이고요.

라케스 그 말에는 내 대꾸하지 않겠소. 비록 대꾸할 말이 있기는
하지만. 내가 진정한 아익소네[46] 구역민이라고 그대가 말하지 않도
록 말이오.

소크라테스 아무 대꾸도 하지 마세요, 라케스님. 그대는 니키아스   d
님이 자신의 이런 기술을 우리 친구인 다몬한테서 전수받았다는

---

44 영웅 테세우스(Theseus)가 아버지를 찾아 아테나이로 가던 중 코린토스 부
근의 크롬뮈온(Krommyon) 마을에 살던 사나운 암퇘지를 퇴치한 전설에 관해서
는 플루타르코스(Ploutarchos)의 『영웅전』 중 「테세우스전」 9장 참조.

45 라마코스(Lamachos)는 니키아스 · 알키비아데스(Alkibiades)와 함께 아
테나이의 시칠리아 원정대를 지휘하다가 기원전 414년 그곳의 쉬라쿠사이
(Syrakousai)에서 전사했다.

46 아익소네(Aixone)는 앗티케 지방의 174개 구역(demos) 중 하나인데, 그곳 사
람들은 독설가라는 설도 있고 건방지다는 설도 있다.

것을 모르시나 보군요. 다몬은 많은 시간을 프로디코스[47]와 함께 보내는데, 프로디코스는 이렇게 낱말의 뜻을 구별하는 데는 소피스트들 중에서도 대가(大家)로 간주되지요.

라케스 아무 대꾸도 하지 않겠어요, 소크라테스님. 그런 것들을 꼬치꼬치 캐묻는 것은 한 국가가 자신들의 지도자가 될 자격이 있다고 여기는 사람에게게보다는 소피스트에게 더 어울리니까요.

소크라테스 라케스님, 아닌 게 아니라 가장 무거운 책임을 맡은 사람은 당연히 가장 지혜로워야겠지요. 그렇지만 나는 니키아스님이 무슨 생각에서 용기라는 말을 그런 뜻으로 사용하시는지 알아봐야 한다고 생각합니다.

라케스 소크라테스님, 그대가 직접 물어보시구려.

소크라테스 그러잖아도 그럴까 합니다, 라케스님. 하지만 내가 그대를 대담에서 제외할 것이라고는 생각하지 마세요. 그러니 귀담아듣고 논의된 것들을 같이 고찰하도록 해요.

라케스 내가 그래야 한다고 그대가 생각하신다면 그렇게 하겠소.

소크라테스 아닌 게 아니라 나는 그렇게 생각합니다. 니키아스님, 그대는 우리에게 처음부터 다시 말씀해주세요. 그대는 기억하시나요? 토론을 처음 시작했을 때 우리는 용기를 미덕의 일부로 간주했어요.

니키아스 물론이지요.

소크라테스 그대도 용기는 미덕의 일부라고 대답하면서, 그 밖에도 다른 부분이 여럿 있는데 그것들을 다 합치면 '미덕'이라 불린다고 말씀하시지 않았던가요?

니키아스 물론 그렇게 말했지요.

소크라테스 부분들에 대해 그대와 나는 같은 말을 하는 것인가요? 나는 용기에 더하여 절제[48]와 정의[49] 등등도 미덕의 부분이라고 부른다오. 그대도 그렇게 부르지 않나요?

니키아스 물론 나도 그러지요.

소크라테스 그쯤 하겠습니다. 그 점에 대해서는 우리가 합의에 도   b
달했으니까요. 이번에는 무엇이 두려움에 떨게 하고 무엇이 자신감을 불어넣는지 검토하기로 해요. 그대가 생각하는 것과 우리가 생각하는 것이 서로 다르지 않도록 말예요. 우리는 그것들에 대해 우리가 생각하는 바를 그대에게 말씀드릴 테니, 그대가 동의하지 않으면 가르쳐주세요. 우리는 두려움을 야기하는 것을 두려움에 떨게 하는 것이라고 생각하고, 두려움을 야기하지 않는 것을 자신감을 불어넣는 것이라고 생각해요. 그리고 두려움을 야기하는 것은 과거의 나쁜 일이나 현재의 나쁜 일이 아니라, 예상할 수 있는 나쁜 일이라고 생각합니다. 두려움은 미래의 나쁜 일에 대한 예상이니까요. 아니면 그대는 이에 동의하지 않으시나요, 라케스님?

라케스 물론 동의하지요, 소크라테스님.   c

---

47 프로디코스(Prodikos)는 케오스(Keos) 섬 출신의 소피스트로, 소크라테스와 동년배이다.

48 sophrosyne.

49 dikaiosyne.

소크라테스 그렇다면 니키아스님, 우리의 주장은 두려움에 떨게 하는 것은 미래의 나쁜 일이고, 자신감을 불어넣는 것은 미래의 나쁘지 않거나 좋은 일이라는 겁니다. 그대는 이에 동의하나요, 아니면 우리와 주장을 달리하나요?

니키아스 동의하오.

소크라테스 그렇다면 그대가 용기라고 부르는 것은 그런 것들과 관련된 지식인가요?

니키아스 물론이지요.

소크라테스 그러면 세 번째 것에 대해서도 우리의 견해가 같은지 검토해봅시다.

니키아스 그게 뭐지요?

d **소크라테스** 말씀드릴게요. 나와 여기 이분이 생각하기에는, 옛날에 일어난 일에 관한 지식이 따로 있고, 지금 일어나고 있는 일에 관한 지식이 따로 있으며, 앞으로 어떤 일이 일어날 것인지 아니면 어떻게 하면 가장 훌륭하게 일어날 것인지에 관한 지식이 따로 있는 것이 아니라, 이 세 가지는 모두 같은 지식인 듯해요. 이를테면 건강의 경우에는 의술 말고 과거와 현재와 미래에 모두 관련된 기술이 따로 있는 것이 아니며, 의술이 비록 하나의 기술이지만 과거

e 와 현재와 미래를 살펴봐요. 대지의 결실에 관한 한 농사 기술도 마찬가지지요. 전쟁에 관한 한 과거와 현재의 사건들뿐만 아니라 특히 미래사를 가장 효과적으로 예견할 수 있는 것은 장군의 기술이라고 두 분께서 몸소 증언해주시리라 나는 확신해요. 장군의 기

술은 예언자의 기술의 종이 아니라 주인인 셈입니다. 장군의 기술은 군사작전에서 무슨 일이 벌어지고 있으며 무슨 일이 벌어질지 더 잘 알기 때문입니다. 그래서 법은 예언자가 장군을 지배하는 것이 아니라, 장군이 예언자를 지배하도록 규정하는 것입니다. 라케스님, 우리는 이렇게 말할까요?

라케스 네, 우리 그렇게 말해요.

소크라테스 어떤가요, 니키아스님? 같은 분야에서는 같은 지식이 미래사도 현재사도 과거사도 안다는 데에 그대는 동의하세요?

니키아스 동의하오. 나는 그렇다고 생각하니까요, 소크라테스님.

소크라테스 그런데 니키아스님, 그대 주장에 따르면 용기는 무엇이 두려움에 떨게 하고 무엇이 자신감을 불어넣는가에 관한 지식이 에요. 그렇지 않은가요?

니키아스 네, 맞아요.

소크라테스 그런데 우리는 두려움에 떨게 하는 것은 미래의 나쁜 일이고 자신감을 불어넣는 것은 미래의 좋은 일이라는 데 의견이 일치했어요.

니키아스 물론이지요.

소크라테스 그리고 같은 분야에서는 같은 지식이 미래사도 현재사도 과거사도 알아요.

니키아스 그렇고말고요.

소크라테스 그렇다면 용기는 무엇이 두려움에 떨게 하고 무엇이 자신감을 불어넣는지 아는 것에 국한되지 않아요. 왜냐하면 용기는

미래의 좋은 일과 나쁜 일만 아는 것이 아니라, 다른 종류의 지식

c 들이 그러하듯 미래사뿐만 아니라 현재사와 과거사도 알기 때문

이지요.

니키아스 그런 것 같아요.

소크라테스 그렇다면 니키아스님, 우리는 용기 전체가 무엇인지 물

었는데 그대는 용기의 3분의 1 정도만 우리에게 말씀해주셨습니

다. 또한 그대의 주장대로라면 용기는 무엇이 두려움에 떨게 하고

무엇이 자신감을 불어넣는지 아는 것에 국한되지 않고, 사실상 현

재와 과거와 미래의 모든 좋은 일과 나쁜 일에 관한 지식인 것 같

d 아요. 지금의 그대 주장대로라면 말입니다. 니키아스님, 그대의 주

장이 이렇게 바뀐 것을 인정하시나요? 아니면 뭐라고 말씀하시겠

어요?

니키아스 인정하오, 소크라테스님.

소크라테스 그렇다면 니키아스님, 누가 모든 좋은 일과 모든 나쁜

일의 현재와 미래와 과거를 다 안다고 가정해보세요. 그런 사람은

절제든 정의든 경건[50]이든 어떤 미덕에도 부족함 없이 완벽할 것이

라고 그대는 생각하지 않으세요? 그런 사람만이 신들에 관해서든

인간들에 관해서든 두려워해야 할 것과 두려워하지 말아야 할 것

e 을 구별할 줄 알고, 만사가 잘되도록 적절히 사전 대책을 강구할

겁니다. 그런 사람은 신들과 인간들을 올바르게 대할 줄 아니까요.

니키아스 나는 그대 말씀에 일리가 있다고 생각하오, 소크라테스님.

소크라테스 그렇다면 니키아스님, 지금 그대가 말씀하시는 것은 미

덕의 일부가 아니라 미덕 전체입니다.

니키아스 그런 것 같아요.

소크라테스 그러나 우리는 용기는 미덕의 일부라고 말했습니다.

니키아스 네, 그렇게 말했소.

소크라테스 그렇다면 지금 그대가 말씀하시는 것은 미덕의 일부가 아닌 것 같네요.

니키아스 네, 아닌 것 같아요.

소크라테스 그렇다면 니키아스님, 용기가 무엇인지 찾아내는 데 우리는 실패했습니다.

니키아스 네, 실패한 것 같아요.

라케스 친애하는 니키아스님, 나는 그대가 꼭 찾아낼 줄 알았소. 내가 소크라테스님에게 대답했을 때 그대가 나를 무시하기에 나 는 그대가 다몬에게서 배운 지혜에 힘입어 틀림없이 찾아내실 거라고 잔뜩 희망에 부풀어 있었단 말이오. *200a*

니키아스 잘하는 일입니다, 라케스님. 그대는 조금 전 용기에 대해 전적으로 무지한 사람으로 드러났건만 그런 것은 그대에게 중요하지 않으니 말이오. 지금 그대의 유일한 관심사는 나도 그런 사람으로 드러나는지 보는 것인 듯하오. 그대는 자긍심이 있는 사람이라면 반드시 알아야 할 것들을 몰라도 아무렇지도 않은 것 같군요.

50 hosiotes.

b   나도 그대처럼 무지하기만 하다면 말이오. 그대는 그야말로 세인 (世人)들처럼 자신은 보지 않고 남들만 보는 것 같구려. 하지만 나는 우리 토론에 크게 기여했다고 생각하며, 아직도 바룰 게 있다면 나중에 그렇게 할 것이오. 그대가 만난 적도 없으면서 조롱할 수 있다고 생각하는 다몬과 그 밖의 다른 사람들 도움을 받아서. 내가 일단 문제를 해결하고 나면 그대에게도 아낌없이 가르쳐주겠

c   소. 내가 보기에 그대는 누구보다도 배울 필요가 있는 것 같으니 말이오.

라케스   하긴 그대는 지혜로우신 분이니까요, 니키아스님. 그렇지만 나는 여기 계신 뤼시마코스님과 멜레시아스님에게 조언하겠소. 젊은이들의 교육을 그대와 내게 맡길 것이 아니라 내가 첫머리에서 말했듯이 여기 있는 소크라테스님을 떠나보내지 마시라고 말이오. 내 아들들이 그럴 나이가 되면 나도 그렇게 할 것이오.

니키아스   나도 동감이오. 만약 소크라테스님이 정말로 소년들을

d   돌봐주시겠다면, 다른 사람은 찾지 마시오. 나는 니케라토스[51]를 이분에게 기꺼이 맡길 것이오. 이분이 받아주시겠다면 말이오. 그런데 내가 그런 이야기를 꺼내기만 하면 소크라테스님은 내게 다른 사람들을 소개하면서 자신이 그 일을 맡으려 하지 않으세요. 뤼시마코스님, 혹시 그대의 부탁이라면 이분이 더 잘 들어주실지도 모르지요.

뤼시마코스   니키아스님, 이분은 당연히 그렇게 해야 하오. 나는 이분에게는 다른 누구에게보다도 더 많이 해드리고 싶으니까요. 뭐

라고 말씀하시겠소, 소크라테스님? 그대는 우리의 요청을 받아들여 젊은이들을 최대한 훌륭하게 만드는 일에 열성적으로 참여하시겠소?

소크라테스 뤼시마코스님, 누군가를 최대한 훌륭하게 만드는 일에 e 열성적으로 참여하기를 거절한다는 것은 확실히 몹쓸 짓이겠지요. 만약 우리가 방금 나눈 대화에서 나는 아는 사람으로, 이 두 분은 모르는 사람으로 드러났다면, 특히 나에게 그 일을 하라고 맡기는 것은 정당하겠지요. 그렇지만 지금 우리 모두 똑같이 곤경에 처해 있는데, 어째서 누가 우리 가운데 한 사람을 더 선호해야 하나요? 내 생각에 그는 우리 가운데 어느 누구도 선택하지 말아야 해요. 사정이 이러하니, 여러분은 내가 드리려는 조언이 도움이 $201a$ 되겠는지 살펴보세요. 여러분, 이는 비밀에 부칠 일이 아니기에 내 기탄없이 말씀드리겠습니다. 우리는 힘을 모아 최대한 훌륭한 교사를 첫째, 우리 자신을 위해—우리에게도 교사가 필요하니까요—, 그다음에는 젊은이들을 위해 찾되, 돈도 그 밖의 다른 어떤 것도 아끼지 말아야 합니다. 그러나 나는 우리가 지금 상태로 머물러 있어야 한다고 조언하지는 않겠습니다. 그리고 이 나이에 우리가 학교에 가야 한다고 생각한다고 혹시 누가 우리를 비웃는다면, b 나는 우리가 "염치는 궁핍한 사람에게 좋은 동반자가 아니다"[52]라

---

51 니케라토스(Nikeratos)는 니키아스의 아들이다.
52 호메로스, 『오뒷세이아』 17권 347행.

는 호메로스의 말을 내세워야 한다고 생각합니다. 그러니 우리는 사람들이 하는 말은 무시해버리고 우리 자신과 소년들을 동시에 돌보도록 해요.

뤼시마코스 나는 그대의 제안이 마음에 드오, 소크라테스님. 그리고 나는 우리 가운데 나이가 가장 많지만, 누구 못지않게 열심히 소년들과 함께 배우고 싶소. 내 그대에게 한 가지 부탁이 있소. 내일 아침 꼭 우리 집에 와주시오. 우리가 이 일에 대해 상의할 수 있도록. 하지만 지금은 우리 모임을 파하기로 합시다.

소크라테스 뤼시마코스님, 내일 꼭 댁으로 방문하겠습니다. 신의 뜻이라면.

카르미데스

절제에 관하여

대담자

소크라테스 아테나이의 철학자.

카르미데스 플라톤의 외삼촌. 기원전 432년 포테이다이아(Poteidaia 또는 Potidaia) 전투에 참가했다가 아테나이로 돌아온 소크라테스와 대담할 때 그는 10대 초중반의 소년인 것 같다.

카이레폰(Chairephon) 소크라테스의 죽마고우.

크리티아스(Kritias) 플라톤의 외종숙. 기원전 404년 펠로폰네소스 전쟁에 패한 아테나이에 스파르테인들이 임명한 이른바 '30인 독재자'의 우두머리로 반(反)민주 과두제 지지자였으나, 이듬해인 기원전 403년 반란을 일으킨 민주제 지지자들의 손에 카르미데스와 함께 죽는다. 크리티아스와 카르미데스는 기원전 6세기 초의 시인이자 정치가인 솔론(Solon)의 후손들로 아테나이의 명문거족 출신이다. 소크라테스와 대담할 때 그는 10대 후반의 청년인 것 같다.
(이들은 기원전 429년에 이 대화를 나눈 것으로 추정된다.)

소크라테스가 이름 모를 친구에게 자신이 전에 나눈 대화를 전한다.

153a 우리는 엊저녁에 포테이다이아[1]에 있는 군영(軍營)에서 돌아왔네. 나는 꽤 오랫동안 이곳 아테나이를 떠나 있던 터라 내가 늘 시간을 보내곤 했던 장소들을 흐뭇한 마음으로 둘러보다가 여왕[2]의 사당 맞은편에 있는 타우레아스[3]의 레슬링도장을 찾았네. 내가 들어갔을 때 그곳에는 사람들이 아주 많이 모여 있었는데, 더러 모르는 사람도 있었지만 대부분은 아는 사람들이었네. 예기치 못한
b 방문인지라 그들은 내가 들어오는 것을 멀리서 보고는 여기저기서 큰 소리로 인사했네. 그리고 언제나 미친 사람 행세를 하는 카이레폰이 그들 사이에서 벌떡 일어나더니 내게로 달려와 손을 잡으며 "소크라테스, 자네 어떻게 전쟁에서 살아남았는가?"라고 물었네. 우리가 떠나오기 며칠 전에 포테이다이아에서 전투가 벌어

졌는데, 그 소식이 이제야 아테나이에 도착한 것이지.

그래서 내가 대답했네. "자네도 보다시피, 나는 무사하다네."

"하지만 여기 있는 우리는" 하고 그가 말을 이었네. "치열한 그 전투에서 우리가 아는 많은 사람들이 전사했다는 보고를 받았네."　　c

"그건 정확한 보고일세" 하고 내가 말했네.

"자네도 그 전투에 참가했는가?" 하고 그가 물었네.

"나도 참가했네."

"그렇다면 이리 와 여기 앉아서 우리에게 자세히 이야기해주게" 하고 그가 말했네. "사실 우리는 자초지종을 다 듣지는 못했네." 그렇게 말하고 그는 나를 데려가더니 칼라이스크로스⁴의 아들 크리티아스 옆에 앉혔네.

나는 자리에 앉은 다음 크리티아스와 그 밖의 다른 사람들에게 인사하고 나서 그들의 온갖 질문에 답하며 군영 소식을 전하기 시　　d

---

1 포테이다이아는 북부 그리스 칼키디케(Chalkidike) 반도에 있는 도시이다. 이곳에서 벌어진 공방전(기원전 432~430년)에 관해서는 투퀴디데스(Thoukydides)의 『펠로폰네소스 전쟁사』(ho polemos ton Peloponnesion kai Athenaion) 1권 56~65장, 2권 58·70장 참조. 소크라테스가 이 전투에 참가하여 놀라운 용기와 인내력을 보여준 일에 관해서는 플라톤의 『향연』 219e~220e 참조. 소크라테스는 기원전 429년 초여름에 아테나이로 돌아온 것 같다.

2 basile. 누구를 가리키는 말인지 확실하지 않다. '여왕의 사당'은 아크로폴리스 남쪽에 있었다고 한다.

3 체육관장 타우레아스(Taureas)에 관해서는 달리 알려진 것이 없다.

4 Kallaischros.

작했는데, 그들의 질문은 각인각색이었네.

우리가 그런 것들에 관해 충분히 대화를 나누었을 때, 이번에는 내가 그들에게 이곳 사정을 묻기 시작했네. 나는 철학의 영역에서 지금 무슨 일이 일어나고 있는지, 지혜[5]나 아름다움[6]이나 이 둘 다를 통해 두각을 나타낸 젊은이들이 있는지 알고 싶어서였네. 그러자 크리티아스가 문간 쪽으로 시선을 돌려 몇몇 소년들이 서로 흉을 보며 들어오고 다른 사람들의 무리가 뒤따라오는 모습을 보고 있다가 말했네. "소크라테스님, 어느 소년들이 아름다운지 알아내기 위해 오래 기다리실 필요는 없을 것 같네요. 지금 안으로 들어오고 있는 저들이 지금 가장 아름답기로 평이 나 있는 소년의 선발대이자 연인[7]들이니까요. 그러니 그 소년은 이리로 오는 중이며 벌써 가까이 와 있는 것 같아요."

"그런데 그 소년은 누구이며, 그 소년의 아버지는 누구인가?" 하고 내가 물었네.

"그대도 틀림없이 그 소년을 아실 텐데요" 하고 크리티아스가 말했네. "하지만 그대가 이곳을 떠날 때 그 애는 아직은 다 자라지 않았었지요. 그 애는 이름이 카르미데스인데, 내 숙부이신 글라우콘[8]의 아들이니 나와는 사촌 간이지요."

"알다마다" 하고 내가 말했네. "그는 어린 소년인 그때도 장래가 촉망되었는데, 지금쯤은 벌써 청년이 다 됐겠구먼."

"그대는 그 애가 얼마나 성장했으며, 어떤 사람이 되었는지 이제 곧 보시게 될 거예요" 하고 그가 말했네. 그리고 그가 그렇게 말

122

하고 있을 때 카르미데스가 안으로 들어왔네.

여보게, 이제 자네는 내 말을 곧이곧대로 믿지 말게. 아름다운 사람들에 관한 한 나는 흰 대리석에 표시해놓은 흰 줄에 불과하네. 내 눈에는 그 또래의 소년은 누구나 다 아름다워 보이니까. 그렇지만 특히 그때 그는 내게 놀랍도록 키가 크고 아름다워 보였으며, 다른 사람들은 모두 그에게 반했다는 느낌이 들었네. 그가 들어오자 그들은 모두 놀라고 당황했으니 말일세. 게다가 다른 연인들의 무리가 그를 뒤따라왔네. 이런 반응은 우리 남자들 사이에서는 사실 놀라운 것도 아니지만, 나도 소년들을 지켜보았는데, 나는 그중 어느 누구도, 심지어 가장 작은 소년조차도 다른 쪽으로 시선을 향하는 것을 보지 못했네. 소년들은 모두 그가 신상(神像)인 양 그를 뚫어져라 쳐다보고 있었네. 그러자 카이레폰이 나를 부르며 말했네. "소크라테스, 자네가 보기에 저 젊은이 어떤가? 미남이지 않은가?"

"빼어난 미남일세" 하고 내가 말했네.

"하지만 만약 그가 벗고 싶어 한다면," 하고 그가 말을 이었네. "자네는 그의 얼굴에는 관심도 없을 걸세. 그의 몸은 그만큼 완벽

5 sophia.
6 kallos.
7 erastes. 남성 간의 동성연애에서 남자 구실을 하는 쪽.
8 Glaukon.

하니까.”

　다른 사람들도 모두 카이레폰의 말에 동의하기에 내가 말했네.
“단언컨대, 그대들이 말하는 그 사람은 말 그대로 적수가 없겠구
려. 그가 다른 사소한 자질을 겸비하고만 있다면 말일세.”

　“그게 뭐지요?” 하고 크리티아스가 물었네.

e　그래서 내가 말했네. “만약 그가 훌륭한 혼을 타고났다면 말일
세. 그는 자네 가족의 구성원이니 마땅히 그래야겠지, 크리티아스.”

　“하지만 그 애는 그 점에서도” 하고 그가 말했네. “더없이 훌륭
해요.”

　그래서 내가 말했네. “그렇다면 왜 우리는 그의 몸을 살펴보기
전에 그의 그 부분을 가리고 있는 옷을 벗기고 검증하지 않는 것
인가? 그는 확실히 토론을 좋아할 나이가 된 것 같으이.”

　“물론이지요” 하고 크리티아스가 말했네. “그 애는 철학자일뿐
155a　더러 자타가 공인하는 훌륭한 시인이에요.”

　그래서 내가 말했네. “친애하는 크리티아스, 이 아름다운 자질
은 솔론 때부터 자네 집안에 이어져 내려오는 유서 깊은 전통일
세. 하거늘 자네는 왜 그 소년을 이리 불러서 내게 보여주지 않는
것인가? 그가 지금보다 더 어리다 해도 그의 보호자이자 사촌인
자네 면전에서 우리와 대화하는 것은 그에게 도리에 어긋나는 짓
이 아닐 걸세.”

　“좋은 말씀이에요” 하고 그가 말했네. “우리가 그 애를 부를게
b　요.” 그러더니 수행원에게 말했네. “애야, 카르미데스를 이쪽으로

124

부르면서, 그가 그저께 내게 호소한 고통을 치료해줄 의사를 내가 소개해주고 싶어 하더라고 전해라." 그러고 나서 크리티아스가 나를 향해 말했네. "며칠 전 그 애는 아침에 잠자리에서 일어나면 두통에 시달린다고 말했어요. 그대가 그 애에게 두통약을 알고 있는 척하면 안 될까요?"

"안 될 것도 없지" 하고 내가 말했네. "그가 오기만 한다면."

"그 애는 올 거예요" 하고 그가 말했네.

그리고 그대로 되었네. 그가 다가오자 장내는 웃음바다가 되었네. 자리에 앉아 있던 우리는 벌써 저마다 카르미데스를 자기 옆에 c 앉히려고 옆 사람을 밀어내기 시작했는데, 그 결과 한쪽 끝에 앉아 있던 사람은 자리에서 일어서야만 했고, 다른 쪽 끝에 앉아 있던 사람은 옆으로 굴러떨어졌기 때문일세. 카르미데스는 와서 나와 크리티아스 사이에 앉았네. 그러자 여보게, 나는 당황하기 시작했네. 그리고 나는 전에는 그와 아주 쉽게 대화할 수 있으리라고 자신했건만 이제 그런 자신감이 사라져버렸네. 그리고 크리티아스가 그에게 내가 바로 두통약을 아는 사람이라고 말하자, 카르미데스가 말로 형언할 수 없는 눈빛으로 나를 바라보며 내게 질 d 문하려 했네. 그리고 여보게, 레슬링도장을 찾은 사람들이 모두 우리 주위에 빙 둘러섰을 때, 나는 그의 겉옷 안을 들여다보고는 불이 붙어 이미 제정신이 아니었네. 그리고 미소년에 관해 말하며 "새끼 사슴이 사자에게 다가갈 때는 사자의 밥이 되지 않도록 조심해야 한다"고 조언한 퀴디아스[9]야말로 연애의 대가(大家)라는 것을 알았네. 정말이지 나는 그런 야수에게 사로잡힌 것 같은 느낌이 들었으니까. 하지만 그가 두통약을 알고 있느냐고 물었을 때, 나는 힘들긴 했지만 알고 있다고 대답했네.

"그게 뭐지요?" 하고 그가 물었네.

그래서 내가 그건 어떤 약초인데 주문(呪文)도 함께 외워야 하며, 약초를 쓸 때 주문을 함께 외우면 효험이 있지만 주문을 외우지 않으면 약초는 아무 효험도 없다고 대답했네.

156a   "그렇다면 내가 그 주문을 받아써야겠네요" 하고 그가 말했네.

"내 동의를 구하고, 아니면 내 동의를 구하지도 않고?" 하고 내가 물었네.

"선생님의 동의를 구하고요, 소크라테스 선생님" 하고 그가 웃으며 대답했네.

"좋아" 하고 내가 말했네. "자네는 내 이름을 정확히 알고 있는가?"

"모른다면 내가 잘못하는 것일 테지요" 하고 그가 말했네. "우리 또래 소년들 사이에서 선생님은 명성이 자자하시니까요. 또한 내가 어렸을 때 선생님과 크리티아스님이 여기서 함께 시간을 보내시던 기억도 나고요."

"자네가 나를 기억한다니 고마우이" 하고 내가 말했네. "그러니 그 주문이 어떤 것인지 내 자네에게 솔직히 말하겠네. 나는 지금 주문의 효과를 자네에게 보여주기 위해 어떤 방법을 써야 할지 잘 모르겠네. 카르미데스, 그것은 머리만 낫게 할 수 있는 그런 것

b

126

이 아닐세. 자네도 아마 들었겠지만, 훌륭한 의사들은 누가 눈이 아파서 찾아오면, 눈만 따로 치유할 수 없으며 눈의 상태가 좋아지려면 머리도 함께 치유해야 한다고 말한다네. 그들은 또한 몸 전 c 체를 치유하지 않고서 머리만 치유할 수 있다고 생각하는 것은 어리석기 짝이 없는 짓이라고 주장한다네. 이런 원칙에 따라 그들은 부분을 전체와 함께 돌보고 치유하겠다는 생각에서 몸 전체를 위해 처방한다네. 혹여 자네는 그들이 그렇게 말하고 사실이 그러하다는 것을 몰랐는가?"

"물론 알았지요" 하고 그가 말했네.

"자네는 그들의 주장이 옳다고 생각하고 그들의 원칙을 받아들이겠지?"

"당연히 그래야겠지요" 하고 그가 말했네.

그가 동의하자 나는 사기가 오르고 점차 자신감을 회복하며 다 d 시 활력이 넘쳤네. 그래서 내가 말했네. "카르미데스, 이 주문도 그와 마찬가지일세. 나는 이 주문을 군대에 있을 때 잘목시스[10]의 트라케 출신 사제 치료사들 중 한 명에게 배웠는데, 이 치료사들

---

9 시인 퀴디아스(Kydias)에 관해서는 달리 알려진 것이 없다.

10 잘목시스(Zalmoxis)는 지금의 불가리아에 해당하는 트라케(Thraike) 지방에 살던 게타이족(Getai)의 신이다. 헤로도토스(Herodotos, 『역사』 94~96장)에 따르면 그는 원래 그리스 철학자 퓌타고라스(Pythagoras)의 노예였는데, 샤머니즘적인 주술을 배운 뒤 고향으로 돌아가 그곳의 왕이 되었다가 나중에는 신격화되었다고 한다.

은 죽은 사람도 살려낸다고 했네. 그 트라케인은 헬라스[11]인 의사들이 내가 방금 말한 것처럼 말하는 것은 옳다고 했네. 그러면서 하는 말이 이러했네. '그러나 신이신 우리 왕께서 말씀하시기를,

e 머리를 치유하지 않고 눈을 치유하려 해서는 안 되고 몸을 치유하지 않고 머리를 치유하려 해서는 안 되듯이, 혼을 치유하지 않고 몸을 치유하려 해서는 안 된다고 하셨소. 그래서 헬라스인 의사들은 대부분의 병을 치유하지 못하는데, 그것은 전체가 나쁜 상태에 있으면 부분이 좋은 상태에 있을 수 없으므로 당연히 전체에 주의를 기울여야 하는데 그러지 않기 때문이라고 하셨소.' 그 트라케인이 말하기를, 마치 머리가 눈의 원천이듯 혼은 몸과 인간 전체에

157a 일어나는 모든 좋은 일과 나쁜 일의 원천이며, 따라서 머리와 몸의 나머지 부분들이 건강하려면 무엇보다도 먼저 혼을 돌봐야 한다고 했네. 여보게, 이어서 그는 또, 혼은 어떤 주문들로 돌봐야 하는데, 그 주문들은 다름 아니라 혼에 절제[12]가 생겨나게 하는 아름다운 말들로 구성되며, 일단 혼에 절제가 생겨나 자리 잡으면 머리와 몸의 다른 부분을 치유하기는 쉽다고 했네. 그리고 그는

b 약과 주문들을 가르쳐주며 말했네. '그대는 명심하고 먼저 주문으로 자신의 혼을 돌보게 하지 않으면 누가 무슨 말을 해도 이 약으로 그의 머리를 돌봐주지 마시오. 아닌 게 아니라 요즘에는' 하고 그는 말을 이었네. '절제와 건강을 분리해서 따로따로 치유하려는 과오가 사람들 사이에 만연하고 있지요.' 그러면서 그는 아무리 부유하거나 고상하거나 아름다운 사람이 다른 방법으로 치유해달

라고 부탁하더라도 들어주지 말라고 신신당부를 했네. 그래서 나 c
는 일단 약속한 이상 반드시 지켜야 하니 그가 시킨 대로 할 걸세.
그러니 자네가 그 이방인이 시킨 대로 먼저 자네 혼에게 그 트라케
인의 주문을 외우는 것을 받아들이겠다면, 나는 자네 머리에 약
을 쓸 걸세. 그러지 않으면 내가 자네를 위해 해줄 수 있는 것이 아
무것도 없네, 친애하는 카르미데스."

내가 그렇게 말하는 것을 듣고 크리티아스가 말했네. "소크라테
스님, 내 젊은 사촌에게는 두통이 일종의 횡재가 될 것 같네요. 만
약 머리 때문에 생각도 더 나아질 수밖에 없다면 말예요. 하지만 d
내 그대에게 단언하건대, 카르미데스는 외모뿐만 아니라 그대가
그것을 위해 주문을 외우시겠다는 절제에서도 동년배들 가운데
걸출하다는 평이 나 있어요. 그대는 지금 절제에 관해 말씀하시는
것 아닌가요?"

"그렇다네" 하고 내가 말했네.

"그렇다면 알아두세요" 하고 그가 말을 이었네. "이 애는 요즘
젊은이들 가운데 누구보다 절제 있으며, 나이를 고려하면 그 밖의
다른 모든 자질에서도 누구 못지않아요."

그래서 내가 말했네. "아닌 게 아니라 카르미데스, 자네가 그 모
든 점에서 남들보다 뛰어나다는 것은 당연한 일일세. 사실 이 도 e

11 Hellas. 그리스.
12 sophrosyne.

시의 어느 누구도 자네가 그 사이에서 태어난 두 가문 말고 그 결합에서 더 아름답고 훌륭한 인물이 태어날 법한 아테나이의 두 가문을 지적하기란 쉽지 않을 걸세. 드로피데스[13]의 아들 크리티아스[14]의 후손인 자네 부친의 가문은 아나크레온[15]과 솔론을 포함한 수많은 시인들이 아름다움과 미덕과 행복이라고 일컬어지는 그

158a 밖의 다른 것에서 걸출하다고 극찬한 바 있네. 그 점은 자네 외가도 마찬가지일세. 자네 외삼촌 퓌릴람페스[16] 는 대왕[17]의 궁전과 아시아의 다른 여러 지역에 여러 번 사절(使節)로 가신 적이 있는데, 아시아의 어느 누구도 아름다움과 신장에서 그분보다 더 뛰어나다는 평을 듣지 못했으니 말일세. 자네 외가 쪽 사람들은 모두 자네 친가 쪽 사람들에 견주어 전혀 손색이 없네. 자네가 그런 두 명문거족 사이에서 태어났으니 모든 영역에서 자네를 당할 자가 없다는 것은 당연한 일일세.

b 　친애하는 글라우콘의 아들이여, 겉모습으로 판단하건대 자네는 자네 선조들 가운데 어느 분에게도 뒤지지 않는 것 같네. 만약 자네가 여기 있는 크리티아스의 말처럼 절제와 그 밖의 다른 자질들도 충분히 타고났다면, 자네 어머니는 진실로 행복한 아들을 낳으셨네, 카르미데스. 그러니 요약하면 다음과 같네. 만약 자네가 여기 있는 크리티아스의 주장처럼 충분히 절제 있다면, 자네에게는 잘목시스의 주문도, 휘페르보레오이족인 아바리스[18]의 주문도

c 필요 없으니 나는 곧바로 자네에게 두통약을 주겠네. 반면 만약 자네가 그런 점들에서 아직 부족하다 싶으면, 나는 자네에게 약을

주기 전에 주문을 외우지 않을 수 없네. 여기 있는 크리티아스의 말에 동의하는지 자네가 직접 말해보게. 자네는 자신이 이미 충분히 절제 있다고 주장하는가, 아니면 아직 절제가 부족하다고 말할 텐가?"

처음에 카르미데스는 얼굴을 붉혔는데, 그러는 그가 더욱 아름다워 보였네. 수줍어하는 것이 그의 나이에 걸맞았으니까. 그러나 이어서 그는 점잖게 답변했네. 그는 말하기를, 현재 상황에서는 묻는 말에 '네' 또는 '아니요'라고 대답하기가 쉽지 않다고 했네. "왜냐하면 만약 내가" 하고 그가 말을 이었네. "절제가 없다고 말하면 첫째, 자신에 대해 그렇게 말하는 것은 이상한 일이고, 둘째, 여기 계신 크리티아스님뿐만 아니라 그분의 주장에 따르면 나를 절제 있다고 생각하는 다른 많은 사람들을 거짓말쟁이로 만들 테니까요. 반면 내가 절제 있다고 자화자찬하면 건방져 보이겠지요. 그래서 나는 선생님께 어떻게 답변해야 할지 모르겠어요."

그래서 내가 말했네. "카르미데스, 자네 말에 일리가 있는 것 같

d

---

13 Dropides.

14 이 대화편에 나오는 크리티아스의 고조부로 솔론과 동시대 사람이다.

15 아나크레온(Anakreon)은 기원전 6세기의 그리스 서정시인이다.

16 Pyrilampes.

17 페르시아 왕.

18 휘페르보레오이족(Hyperboreioi 또는 Hyperboreoi '북풍 너머에 사는 사람들')은 북쪽 끝의 낙원에 산다는 전설적인 부족이며, 아바리스(Abaris)는 북쪽 끝에 산다는 전설적인 샤먼(shaman)이다.

네. 내 생각에 우리는 내가 말하는 자질이 자네에게 있는지 여부
를 함께 고찰해야 할 것 같네. 그러면 자네는 말하고 싶지 않은 것
을 억지로 말하지 않아도 될 테고, 나는 사전 검사도 해보지 않고
치료를 시작하지 않아도 될 걸세. 그러니 자네만 좋다면 나는 자네
와 함께 그 문제를 검토하고 싶으며, 자네가 싫다면 그만두겠네."

"나야 더할 나위 없이 좋지요" 하고 그가 말했네. "그러니 선생
님께서는 가장 좋다고 생각하는 방법으로 고찰하기 시작하세요."

"그렇다면 내 생각에" 하고 내가 말했네. "다음과 같은 방법으
로 고찰하는 것이 가장 좋을 듯하네. 만약 절제가 자네 안에 있다
면 자네는 분명 절제에 관해 어떤 의견을 갖고 있을 걸세. 만약 절
제가 실제로 자네 안에 있다면 자네는 필연적으로 이를 느낄 것이
고, 그러면 그에 힘입어 절제가 무엇인지 또는 어떤 종류의 것인지
나름대로 의견을 갖게 될 테니 말일세. 아니면 자네는 그렇게 생
각하지 않는가?"

"나도 그렇게 생각해요" 하고 그가 말했네.

"그렇다면 자네는 헬라스 말을 할 줄 아니까" 하고 내가 말했네.
"자네 의견을 분명 제대로 표현할 수 있겠지?"

"아마도 그렇겠지요" 하고 그가 말했네.

"그렇다면 자네 의견에 따르면 절제가 무엇인지 말해주게" 하고
내가 말했네. "절제가 자네 안에 있는지 없는지 우리가 짐작할 수
있도록 말일세."

처음에 그는 망설이며 별로 대답하고 싶어 하지 않다가, 그의

의견에 따르면 절제는 거리를 거닐든 사람들과 이야기하든 매사를 규칙에 따라 차분하게 행하고 그 밖의 다른 일도 모두 그렇게 행하는 것이라고 말했네. "그리고 내 생각에" 하고 그가 말을 이었네. "선생님께서 물어보시는 것은 한마디로 일종의 차분함[19]인 것 같아요."

"과연 자네 말이 옳을까?" 하고 내가 말했네. "하긴 사람들이 말하기를, 차분한 사람들은 절제 있다고 하지. 그들의 말이 일리 있는지 살펴보기로 하세. 말해보게, 절제는 훌륭한 것들 가운데 하나 아닌가?"

c

"물론이지요" 하고 그가 말했네.

"그렇다면 학교에서는 어느 쪽이 더 훌륭한가? 글자를 고르게 빨리 쓰는 쪽인가, 아니면 차분하게[20] 쓰는 쪽인가?"

"빨리 쓰는 쪽이에요."

"읽기는 어떤가? 빨리 읽는 쪽인가, 차분하게 읽는 쪽인가?"

"빨리 읽는 쪽이에요."

"키타라[21]도 빨리 연주하고 레슬링 경기도 활기차게 하는 쪽이 차분하고 느리게 하는 쪽보다 훨씬 더 훌륭하지 않을까?"

---

19 hesychiotes.
20 그리스어 hesychei에는 '느리게' '천천히'라는 뜻도 있다.
21 kithara. 고대 그리스의 발현악기로 뤼라(lyra)를 개량한 것이다. 『뤼시스』 주 24 참조.

"네, 그래요."

"권투와 팡크라티온[22]은 어떤가? 이 또한 마찬가지 아닐까?"

"마찬가지고말고요."

d   "달리기와 높이뛰기와 체력단련 일반은 어떤가? 활기차고 빨리 행하는 것들은 아름답고, 힘들고 차분하게 행하는 것들은 추하지 않을까?"

"그런 것 같아요."

"그러니 우리가 보기에" 하고 내가 말했네. "몸에 관한 한 가장 아름다운 것은 차분한 동작이 아니라, 가장 빠르고 가장 활기찬 동작인 것 같네. 그렇겠지?"

"물론이지요."

"그런데 절제는 아름다운 것이었지?"

"네."

"그러면 적어도 몸과 관련해서는 차분함이 아니라 빠름이 더 절제 있는 방법일 걸세. 절제는 아름다운 것이니까."

"그런 것 같아요" 하고 그가 말했네.

e   "어느 쪽이 더 아름다운가?" 하고 내가 말했네. "쉬이 배우는 쪽인가, 아니면 어렵게 배우는 쪽인가?"

"쉬이 배우는 쪽이에요."

"쉬이 배우는 것은" 하고 내가 말했네. "빨리 배우는 것이고, 어렵게 배우는 것은 차분하고 느리게 배우는 것이겠지?"

"네."

"가르치는 일과 관련해서는 남을 활기차게 빨리 가르치는 것이 차분하고 느리게 가르치는 것보다 더 아름답지 않을까?"

"물론이지요."

"어느 쪽이 더 아름다운가? 차분하고 느리게 회상하고 기억하는 쪽인가, 아니면 활기차게 빨리 회상하고 기억하는 쪽인가?"

"활기차게 빨리 회상하고 기억하는 쪽이에요" 하고 그가 대답했네.

"또한 영리함은 차분함이 아니라 혼의 활력의 일종이 아닐까?"   160a

"옳은 말씀이에요."

"글쓰기 교사의 집에서든 음악 교사의 집에서든 그 밖의 다른 곳에서든 누가 한 말을 이해하는 것과 관련해서는, 최대한 차분하게가 아니라 최대한 빨리 이해하는 것이 가장 아름답겠지?"

"네."

"또한 혼의 탐구나 숙고와 관련해서도 칭찬받아 마땅한 사람은 가장 차분한 사람이나 간신히 숙고하여 어렵사리 목표에 도달하는 사람이 아니라, 가장 쉽게 그리고 가장 빨리 목표에 도달하는   b
사람이라고 나는 생각하네."

"그렇고말고요" 하고 그가 말했네.

"그렇다면 카르미데스, 혼에 관련되든 몸에 관련되든 인간의 모

---

22 팡크라티온(pankration)은 레슬링과 권투를 합친 고대 그리스의 격투기이다.

든 활동에서는" 하고 내가 말했네. "빠름과 활력이 느림과 차분함보다 더 아름다운 것 같네."

"그런 것 같네요" 하고 그가 말했네.

"그렇다면 우리가 말한 것에서 절제는 일종의 차분함일 수 없고 절제 있는 삶은 차분한 삶일 수 없다는 결론이 나오네. 절제 있는 삶은 아름다운 삶이어야 하니까. 우리에게는 두 가지 가능성이 있

c 네. 첫째, 인생에서 차분한 행위가 빠르고 활기찬 행위보다 더 아름다워 보이는 영역은 없거나 극소수일세. 둘째, 설사 더 적지 않은 차분한 행위들이 활기차고 빠른 행위들보다 더 아름다워 보인다 해도, 여보게, 절제가 활기찬 행위라기보다는 오히려 차분하게 행동하는 것이라는 결론은 나지 않을 걸세. 걷기에서든 말하기에서든 그 밖의 다른 행위에서든. 또한 차분한 삶이 차분하지 않은

d 삶보다 더 절제 있는 삶이라는 결론도 나오지 않을 걸세. 절제는 아름답다는 것이 우리 논의의 전제였고, 빠른 것이 차분한 것 못지않게 아름답다는 점이 밝혀졌으니 말일세."

"소크라테스 선생님, 내 생각에 선생님 말씀이 옳은 것 같아요" 하고 그가 말했네.

"그렇다면 카르미데스, 이번에는 더 집중해서" 하고 내가 말했네. "자네 자신을 들여다보게. 자네 안에 절제가 있다는 것이 자네를 어떤 사람으로 만들며, 자네를 그런 사람으로 만들기 위해서는 절제가 어떤 자질이어야 하는지 고찰해보게. 이 모든 것을 숙고해

e 보고 나서 절제가 무엇이라고 생각하는지 분명하고 용감하게 말

해주게나."

그러자 그가 잠시 결연히 자신을 들여다보더니 말했네. "내 생각에 절제는 사람을 부끄럽고 수줍게 만드는 것 같아요. 그러니 절제는 염치[23]와 같은 것인 듯해요."

"좋아. 그런데 자네는 조금 전에" 하고 내가 말했네. "절제는 아름다운 것이라는 데 동의하지 않았는가?"

"물론 그랬지요" 하고 그가 말했네.

"그렇다면 절제 있는 사람들은 훌륭한 사람들이기도 하겠지?"

"네."

"사람들을 훌륭하게 만들지 않는 것이 훌륭할 수 있을까?"

"단연코 그럴 수 없어요."

"그렇다면 절제는 아름다운 것일뿐더러 훌륭한 것이기도 하네."

"그렇고말고요."

161a

"어떤가?" 하고 내가 말을 이었네. "자네는 호메로스가 다음과 같이 말하는 것은 옳다고 생각하지 않는가?"

염치는 궁핍한 사람에게 좋은 동반자가 아니다.[24]

"나도 옳다고 생각해요" 하고 그가 말했네.

---

23 aidos.

24 호메로스(Homeros), 『오뒷세이아』(*Odysseia*) 17권 347행. 호메로스는 기원전 730년경에 활동한 고대 그리스의 서사시인이다.

"그렇다면 염치는 훌륭하지 않은 것이기도 하고 훌륭한 것이기도 한 것 같으이."

"그런 것 같아요."

"하지만 절제는 훌륭한 것일세. 만약 절제가 그것을 가진 사람들을 훌륭하게 만들고 나쁘게 만들지 않는다면 말일세."

"내 생각에 선생님께서 말씀하신 대로인 것 같아요."

b "그렇다면 절제는 염치일 수 없네. 만약 절제는 정말로 훌륭한 것이고, 염치는 훌륭한 것이기도 하고 나쁜 것이기도 하다면 말일세."

"소크라테스 선생님, 내 생각에 역시 선생님 말씀이 옳은 것 같아요" 하고 그가 말했네. "그렇지만 절제에 대한 다음과 같은 의견을 어떻게 생각하시는지 말씀해주세요. 방금 생각났는데, 나는 전에 절제는 제 할 일을 하는 것이라고 누가 말하는 것을 들은 적이 있어요. 선생님 생각에 이런 말을 하는 사람이 옳은 말을 하는 것인지 고찰해주세요."

그래서 내가 말했네. "이런 사람이 있나! 자네는 이 말을 여기

c 있는 크리티아스나 다른 현자한테 들었구먼."

"다른 사람한테 들은 것 같은데요" 하고 크리티아스가 말했네. "나한테는 듣지 않았으니까요."

"소크라테스 선생님, 내가 누구한테 들었건 그게 무슨 상관이죠?" 하고 카르미데스가 물었네.

"전혀 상관없네" 하고 내가 대답했네. "우리가 고찰해야 하는 것은 결코 누가 그렇게 말했느냐가 아니라, 그것이 참인지 아닌지

하는 거니까."

"지금 그 말씀이 옳아요" 하고 그가 말했네.

"그야 그렇지" 하고 내가 말했네. "하지만 그것이 참인지 아닌지 찾아낼 수 있을지 의문스럽네. 그 말이 수수께끼처럼 들리니 말일세."

"어떤 점에서 그렇지요?" 하고 그가 물었네.

"왜냐하면" 하고 내가 말했네. "그가 절제는 제 할 일을 하는 것 d 이라고 말했을 때 그 말이 과연 그의 마음속 생각을 전달하는 것일까? 아니면 자네는 쓰기 선생이 쓰거나 읽을 때 아무것도 하지 않는다고 생각하는가?"

"아니요, 나는 그가 무엇인가를 한다고 생각해요" 하고 그가 말했네.

"자네가 생각하기에 쓰기 선생은 자기 이름만 쓰고 읽고 자네들 소년들에게도 그렇게 하도록 가르치는가? 아니면 자네들은 자네들 자신과 친구들의 이름 못지않게 적들의 이름도 썼는가?"

"우리는 우리 자신과 친구들 이름 못지않게 적들의 이름도 썼어요."

"그렇게 할 때 자네들은 남의 일에 참견하는 것이니까 절제 있 e 는 것이 아니겠지?"

"물론 아니지요."

"그렇지만 자네는 자네 할 일을 하지 않는 것일세. 만약 쓰기와 읽기가 무엇인가를 하는 것이라면."

"쓰기와 읽기는 분명 무엇인가를 하는 것이에요."

"여보게, 의술도 건축술도 직조술도 그 밖에 전문기술에 의해 어떤 제품을 생산하는 기술도 모두 무엇인가를 하는 것으로 분류될 수 있을 걸세."

"물론이지요."

"어떤가?" 하고 내가 말했네. "만약 남의 것들에 손대지 않고 저마다 제 것을 제작하고 제 할 일을 해야 한다는 원칙에 따라 각자 제 외투를 짜고 세탁하고 제 구두와 기름병과 때밀이 기구 따위를 만들어야 한다는 취지의 규정이 있다면, 자네 생각에 국가가 잘 경영될 것 같은가?"

"내 생각에 잘 경영될 것 같지 않아요" 하고 그가 말했네.

"하지만" 하고 내가 말했네. "절제 있게 다스려지면 잘 경영되는 국가일 걸세."

"왜 아니겠어요" 하고 그가 말했네.

"그렇다면" 하고 내가 말했네. "절제는 제 할 일을 하는 것이 아닐세. 적어도 그런 일들을 그런 식으로 하는 것은 아닐세."

"아닌 것 같아요."

"그렇다면 내가 방금 말했듯이, 절제는 제 할 일을 하는 것이라

고 말한 사람은 수수께끼를 낸 것 같네. 아니면 자네는 어떤 바보한테서 이 말을 들었는가, 카르미데스?"

"천만의 말씀입니다!" 하고 그가 말했네. "그는 아주 지혜롭기로 소문난 사람이에요."

"그렇다면 그의 우선적인 관심사는 분명 자기 생각을 수수께끼로 내는 것일세. 제 할 일을 한다는 것이 도대체 무슨 뜻인지 알기 어렵다는 점에서 말일세."

"그런 것도 같네요" 하고 그가 말했네.

"그렇다면 제 할 일을 한다는 것이 도대체 무슨 뜻이지? 자네가 설명할 수 있겠는가?"

"제우스에 맹세코, 나는 모르겠어요" 하고 그가 말했네. "어쩌면 그렇게 말한 사람 자신도 자기가 무슨 뜻으로 그런 말을 하는지 모를지도 몰라요." 그는 웃으며 이렇게 말하고 크리티아스를 힐끔 쳐다보았네.

크리티아스는 분명 한동안 언짢아하는 것 같았고, 카르미데스와 그곳에 모인 다른 사람들에게 감명을 주고 싶어 하는 것 같았네. 그는 지금까지는 간신히 자신을 억제할 수 있었지만 이제 더는 그럴 수 없었네. 그래서 나는 절제에 관한 이런 답변을 카르미데스가 크리티아스한테 들었을 것이라는 내 의심이 사실이라고 확신하게 되었네. 그리하여 카르미데스는 자신이 아니라 이런 답변의 장본인이 논의를 떠맡기를 원했기에 계속 크리티아스를 자극하며 그가 논박당했다는 점을 일깨워주었네. 그러자 크리티아스가 참다못해 카르미데스에게 화가 난 것 같았네. 마치 시인이 자기가 쓴 작품을 망쳐놓는 배우에게 화를 내듯이 말일세. 그래서 크리티아스가 카르미데스를 보며 말했네. "카르미데스, 절제는 제 할 일을 하는 것이라고 말한 사람이 무슨 생각으로 그런 말을 했는지 네가

c

d

모른다고 해서 너는 정말로 그 자신도 그걸 모를 거라고 생각하는 게냐?"

그래서 내가 말했네. "여보게 크리티아스, 이렇게 젊은 사람이 그걸 모른다는 것은 놀랄 일이 아닐세. 하지만 자네는 나이도 더 많고 그런 문제들에 관심이 많으니 아마 알고 있을 걸세. 그러니 자네가 절제에 대해 카르미데스가 말한 것에 동의하고 논의를 넘겨받는다면, 나는 훨씬 더 흐뭇한 마음으로 그 말이 참인지 아닌지 자네와 함께 고찰할 걸세."

"나는 전적으로 동의하며 기꺼이 토론을 넘겨받겠어요" 하고 그가 말했네.

"잘했네" 하고 내가 말했네. "자, 말해주게. 나는 조금 전에 모든 장인(匠人)은 무엇인가를 한다고 말했는데, 자네도 이에 동의하는가?"

"동의하고말고요."

"자네가 생각하기에 그들은 제 할 일만 하는가, 아니면 남의 일도 하는가?"

"남의 일도 하지요."

"제 할 일만 하지 않는 사람들이 절제 있는 사람들인가?"

"그러지 말라는 법이라도 있나요?" 하고 그가 물었네.

"나는 없다고 생각하네" 하고 내가 대답했네. "그러나 절제는 제 할 일을 하는 것이라고 말하다가 이어서 남의 일을 하는 사람들도 절제 있지 말라는 법은 없다고 주장한다면 문제가 있는 게 아닌지 살펴보게."

"하지만" 하고 그가 말했네. "만약 내가 남의 물건을 만드는[25] 사람들도 절제 있다는 데 동의했다면, 나는 남의 일을 하는[26] 사람들이 절제 있다는 데 동의한 거예요."

"말해보게" 하고 내가 말했네. "'만들다'와 '하다'를 자네는 같   b 은 뜻으로 쓰고 있는 게 아닌가?"

"결코 그렇지 않아요" 하고 그가 말했네. "'일하다'[27]와 '만들다'가 같지 않듯이 말예요. 나는 그것을 '일은 수치가 아니오'[28]라고 말한 헤시오도스한테 배웠어요. 만약 그가 그대가 조금 전에 말한 활동들을 '일하다'와 '하다'라고 불렀다면, 그대는 그가 구두 만드는 일이나 소금에 절인 물고기를 파는 일이나 몸을 파는 일은 수치가 아니라고 주장했을 것이라고 생각하세요? 그건 생각할 수 없는 일이에요, 소크라테스님. 내 생각에 헤시오도스도 '만들다'를 '하다'와 '일하다'와 구별한 것 같아요. 그리고 만들어진 것은   c 아름다움이 수반되지 않을 경우 때로는 수치스러운 것이 될 수 있어도, 일은 결코 수치가 아니라고 생각한 거예요. 그는 아름답고

---

25 그리스어 poiein('만들다')은 '하다'라는 뜻으로도 사용된다.

26 prattein.

27 ergazesthai.

28 헤시오도스(Hesiodos), 『일과 날』(*Erga kai hemerai*) 311행. 헤시오도스는 기원전 700년경에 활동한 그리스의 서사시인이다. 작품으로는 『일과 날』 외에 『신들의 계보』(*Theogonia*) 등이 남아 있다.

쓸모 있게 만들어진 것들은 '일'[29]이라고 부르고, 그런 '만들기'를 '일하기'와 '하기'라고 불렀으니까요. 우리는 그가 아름답고 쓸모 있는 것들만이 '제 것'이고, 해로운 것들은 언제나 '남의 것'이라고 믿었다고 생각해서는 안 돼요. 따라서 우리는 헤시오도스도 다른 지혜로운 사람과 마찬가지로 제 할 일을 하는 사람을 절제 있는 사람이라고 불렀을 것이라고 봐야 할 거예요."

d   그래서 내가 말했네. "크리티아스, 나는 자네가 말하기 시작하자마자 자네가 자기에게 속하는 제 것들은 좋은 것이라고 부르고, 좋은 것들을 만드는 것을 '하기'라고 부를 줄 바로 알아차렸네. 나는 프로디코스[30]가 낱말들의 의미 차이를 구별하는 것을 골백번도 넘게 들었으니까. 나는 자네가 어떤 낱말이든 자네 마음대로 사용하는 것에 반대하지 않겠네. 자네가 사용하는 낱말이 무엇을 가리키는지 설명해주기만 한다면 말일세. 자, 처음부터 다시 더

e 명확하게 정의해주게. 자네는 훌륭한 것들을 '하는 것'이나 또는 '만드는 것'이—낱말은 자네 좋을 대로 사용하게—절제라고 주장하는 것인가?"

"그래요" 하고 그가 말했네.

"그렇다면 나쁜 짓을 하는 사람이 아니라 좋은 일을 하는 사람이 절제 있겠지?"

"여보세요, 그대는 그렇게 생각하지 않으시나요?" 하고 그가 말했네.

"그 문제는 제쳐두기로 하세" 하고 내가 말했네. "지금 우리가

고찰하는 것은 내가 어떻게 생각하느냐가 아니라, 자네가 말하는 것이 무슨 뜻이냐 하는 것이니까."

"좋아요. 내 주장은" 하고 그가 말했네. "좋은 것이 아니라 나쁜 것을 만드는 사람은 절제 있는 사람이 아니고, 나쁜 것이 아니라 좋은 것을 만드는 사람은 절제 있는 사람이라는 거예요. 나는 절제란 좋은 일을 하는 것이라고 그대에게 명확히 정의하니까요."

"어쩌면 자네 말이 옳을지도 모르지" 하고 내가 말했네. "그 164a러나 만약 자네가 절제 있는 사람들은 자신이 절제 있는 사람들이라는 것을 모른다고 생각한다면 나는 놀라움을 금치 못할 걸세."

"하지만 나는 그렇게 생각하지 않아요" 하고 그가 말했네.

"그렇지만 조금 전에 자네는 말하지 않았던가?" 하고 내가 말했네. "장인들은 남의 것을 만들 때도 절제 있지 말라는 법이 없다고."

"그렇게 말했지요" 하고 그가 말했네. "그래서 어쨌다는 거죠?"

"아무것도 아닐세" 하고 내가 말했네. "하지만 말해주게. 자네는 환자를 치유하는 의사는 자신에게도 유익하고 환자에게도 유 b익한 것을 만든다고 생각하는가?"

29 erga.
30 프로디코스(Prodikos)는 케오스(Keos) 섬 출신의 소피스트로, 소크라테스와 동년배이다.

"그래요."

"그렇게 하는 사람은 해야 할 일을 하는 것이겠지?"

"네."

"그리고 해야 할 일을 하는 사람은 절제 있는 사람이지 않을까?"

"절제 있는 사람이고말고요."

"그렇다면 의사는 자신의 치료가 언제 유익하고 언제 유익하지 않은지도 알아야 하지 않을까? 모든 장인도 마찬가지로 자신이 하는 일에서 언제 덕을 보고 언제 덕을 보지 못할지를 알아야 하지 않을까?"

"아마 그렇지는 않겠지요."

"그렇다면 의사는" 하고 내가 말했네. "자기가 유익한 짓을 하는지 해로운 짓을 하는지 모르고 무엇인가를 할 때도 있겠구먼. 그런데 자네 주장에 따르면, 의사가 유익한 짓을 했으면 절제 있게 행동한 것일세. 자네 주장은 그런 뜻이 아니었나?"

"맞아요. 그런 뜻이었어요."

"그렇다면 그는 어떤 때는 유익한 짓을 함으로써 절제 있게 행동하는 절제 있는 사람이지만, 자신이 절제 있다는 것을 모르는 것 같구먼."

"하지만 소크라테스님, 그건 있을 수 없는 일이에요" 하고 그가 말했네. "그리고 만약 그대가 앞서 내가 동의한 것에서 그런 결론이 날 수밖에 없다고 생각하신다면, 자기 자신을 모르는 사람이

절제 있다고 인정하느니 차라리 나는 내가 동의한 것 가운데 일부   d
를 취소하고 내 주장이 틀렸다는 것을 인정하기를 부끄러워하지
않을 거예요. 사실 나는 자기 자신을 아는 것이 절제의 핵심이라
고 생각하며, 그 점에서 나는 델포이[31]에 '너 자신을 알라!'[32]는 비
명(碑銘)을 봉헌한 사람에게 동조해요. 내 생각에 이 비명은 신전
에 들어오는 사람들에게 신이 '안녕'이라는 인사 대신 세운 것 같
으니까요. '안녕'이라는 인사는 적절하지 못하고 그보다는 오히려
서로에게 절제를 권하는 것이 더 중요하다는 취지에서 말예요. 그   e
래서 신은 신전에 들어오는 사람들에게 통상적인 인사를 하지 않
는 것이지요. 나는 이것이 비명을 봉헌한 사람의 의도라고 생각
해요. 그의 주장에 따르면 신이 신전에 들어오는 사람에게 말하
는 것은 '절제 있으라!'는 것이지요. 신은 물론 그것을 예언자처럼
모호하게 말하지요. '너 자신을 알라!'와 '절제 있으라!'[33]는 같은
말이니까요. 비명도 주장하고 나도 동의하듯 말예요. 그러나 어   165a
떤 이는 그것들이 다른 말이라고 생각할지도 모르지요. 훗날 '어
떤 것도 지나치지 않게!'[34]라는 비명과 '빚보증을 서면 망한다!'[35]

---

31 델포이(Delphoi)는 그리스 중부지방의 파르나소스(Parnasos) 산 남쪽 기슭
에 있는 도시로, 유명한 아폴론(Apollon) 신의 신전과 신탁소가 그곳에 있었다.

32 gnothi sauton.

33 sophronei.

34 meden agan.

35 engye para d'ate.

는 비명을 봉헌한 사람들도 그것들이 다른 말이라고 생각한 것 같아요. 그들은 '너 자신을 알라!'는 하나의 조언이지 신전 방문자들에 대한 신의 인사가 아니라고 생각했기 때문에, 그에 못지않게 유익한 조언들을 바치고 싶어서 그런 비명들을 세운 것이지요. 아무튼 소크라테스님, 내가 이 모든 것을 말한 이유는 다음과 같아요.

b 내가 앞서 말한 것은 모두 그대에게 양보하겠어요. 그대의 말이 더맞을 수도 있고 내 말이 더 맞을 수도 있지만, 우리는 명쾌한 결론에 이르지 못했으니까요. 그러나 지금은 절제가 자기 자신을 아는 것이라는 데 그대가 동의하지 않는다면, 내 이를 그대에게 설명하고 싶어요."

"하지만 크리티아스" 하고 내가 말했네. "자네는 마치 내가 묻고 있는 것을 내가 알고 있다고 주장하는 것처럼, 그리고 내가 원한다면 자네 주장에 동의할 것처럼 나를 대하는구려. 그러나 사실은 그렇지 않네. 나는 무지한 탓에 그때그때 제시하는 모든 문

c 제를 자네와 함께 검토하고 있으니까. 일단 검토하고 나서 자네에게 동의하는지 않는지 내 기꺼이 말할 테니, 내가 검토하는 동안기다려주게."

"검토하세요" 하고 그가 말했네.

"좋아, 검토하겠네" 하고 내가 말했네. "절제가 무엇인가를 아는 것이라면, 그것은 분명 일종의 지식[36]이며 무엇인가에 관한 지식일세. 그렇지 않은가?"

"그래요. 그것은 자신에 관한 지식이에요" 하고 그가 말했네.

"그렇다면 의술은" 하고 내가 말했네. "건강에 관한 지식이 겠지?"

"물론이지요."

그래서 내가 말했네. "자네가 지금 내게 '의술이 건강에 관한 지식이라면 그것은 어디에 쓸모가 있으며 그 결과물은 무엇이오?'라고 묻는다면, 나는 그 결과물이 건강이라면 그것은 아주 유익한 것이라고 대답할 걸세. 건강은 인간들에게 훌륭한 것이니까. 인정하는가?"

d

"인정해요."

"그리고 자네가 내게 '집 짓기가 집을 짓는 지식이라면 그 결과물은 무엇이라고 생각하시오?'라고 묻는다면, 나는 집이라고 대답할 걸세. 나는 다른 기술들에 대해서도 같은 대답을 할 걸세. 자네도 절제가 자기 자신에 관한 지식이라고 주장하는 만큼 누가 자네에게 '크리티아스, 절제가 자기 자신에 관한 지식이라면 그것의 이렇다 할 아름다운 결과물은 무엇이오?'라고 물을 경우 절제를 위해 답변해야 할 걸세. 자, 대답해보게."

e

"하지만 소크라테스님" 하고 그가 말했네. "그대의 탐구 방법은 옳지 못해요. 절제는 여느 지식들과는 달라요. 물론 여느 지식들도 서로 다르기는 하지만. 한데 그대는 그것들이 모두 같다고 보고 탐구하고 있단 말예요. 말해보세요" 하고 그가 말을 이었네. "건축술의 집이나, 직조술의 외투나, 수많은 기술의 결과물이라고 말할 수 있는 수많은 다른 것에 맞먹는 산술이나 기하학의 결과물은 무엇이죠? 그대는 산술이나 기하학의 그런 결과물을 내게 보여주실 수 있나요? 물론 보여주실 수 없겠지요."

그래서 내가 말했네. "자네 말이 옳으이. 그렇지만 나는 이 지식들이 각각 무엇에 관한 지식인지는 자네에게 보여줄 수 있는데, 그것은 지식 자체와는 다른 것일세. 이를테면 산술은 짝수와 홀수들 자체의 양과 짝수와 홀수들 사이의 관계에 대한 지식일세. 동의하는가?"

"물론이지요" 하고 그가 말했네.

"그렇다면 홀수와 짝수는 산술 자체와는 다른 것이겠지?"

"왜 아니겠어요."

"또한 무게 달기는 더 무거운 것과 더 가벼운 것과 관계가 있네. 그러나 무거운 것과 가벼운 것은 무게 달기 자체와는 다른 것일세. 동의하는가?"

"네."

"그렇다면 절제도 어떤 것에 관한 지식이니, 그 어떤 것은 절제 자체와는 다른 것이겠지?"

"소크라테스님, 내 말이 그 말이에요" 하고 그가 말했네. "그대는 지금 탐구 끝에 절제는 여느 지식과는 다르다는 결론에 도달했는데도 절제와 다른 지식들 사이의 유사성을 찾고 있군요. 하지만

절제는 그런 것이 아니에요. 다른 지식은 모두 다른 것에 관한 지 c
식이고 그 자체에 관한 지식이 아니지만, 절제만은 다른 지식들에
관한 지식이자 그 자체에 관한 지식이기 때문이에요. 그대가 그걸
모를 리 없을 텐데도, 그대는 그러지 않겠다던 조금 전 약속[37]을
지키기는커녕 우리 논의의 주제에 초점을 맞추는 대신 오히려 나
를 떠보려 하시는군요."

"그럴 리가 있나?" 하고 내가 말했네. "내가 자네를 논박하려
하더라도 그것은 내가 한 말이 옳은지 검토하려는 것인데, 자네는
어떻게 내가 다른 동기에서 그런다고 생각할 수 있단 말인가. 내가
그러는 것은 사실은 내가 모르는 것을 무의식중에 안다고 생각하
는 것이 아닌지 두렵기 때문일세. 내가 지금 하고 있는 것도 주로
나 자신을 위해, 어쩌면 또 내 친구들을 위해 논의를 검토하는 것 d
이라네. 아니면 자네는 존재하는 모든 것의 본성을 밝히는 것이
거의 모든 사람을 위한 공동선이라고 생각하지 않는가?"

"물론 그렇게 생각하지요, 소크라테스님" 하고 그가 말했네.

"그렇다면 여보게, 자네는 용기를 내어" 하고 내가 말했네. "내
가 묻는 말에 정직하게 답변하고, 논박당하는 것이 크리티아스인
가 아니면 소크라테스인가에는 괘념치 말게. 대신 논의에만 전념 e
하여 그것이 논박당하면 어떤 일이 일어나는지 살펴보도록 하세."

---

37 165b~c 참조.

"그럴게요" 하고 그가 말했네. "그대의 말씀이 온당하니까요."

"그렇다면 자네는 절제가 무엇이라고 주장하는지 말해주게" 하고 내가 말했네.

"좋아요" 하고 그가 말했네. "나는 절제가 자기 자신도 알고 다른 지식들도 아는 유일한 지식이라고 주장해요."

"만약 절제가 지식의 지식이기도 하다면" 하고 내가 말했네. "지식의 결여의 지식이기도 하겠지?"

"물론이지요" 하고 그가 말했네.

167a   "그렇다면 절제 있는 사람만이 자신을 알 것이며 자신이 아는 것과 자신이 모르는 것을 검증할 수 있을 걸세. 마찬가지로 절제 있는 사람만이 어떤 사람이 아는 것과 안다고 생각하는 것과 관련하여, 그리고 그가 안다고 생각하지만 사실은 알지 못하는 것과 관련하여 남들을 검증할 수 있을 걸세. 다른 사람은 아무도 그럴 수 없을 걸세. 그래서 자기가 아는 것도 알고 자기가 모르는 것도 아는 것, 바로 이것이 절제 있는 것이요, 절제요, 자기 자신을 아는 것이라는 말이지?"

"그래요" 하고 그가 말했네.

"그렇다면 처음으로 되돌아가" 하고 내가 말했네. "이번에는 세 번째로 두 가지를 검토해보기로 하세. 첫째, 누군가가 자신이 아 b 는 것과 자신이 모르는 것을 안다는 것이, 그리고 자신이 아는 것과 자신이 모르는 것을 모른다는 것이 가능한지 여부를 검토해야 할 걸세. 그다음에는 설사 그것이 가능하다 해도 그것을 아는 것이 우리에게 도대체 무슨 쓸모가 있는지 검토해야 할 걸세."

"당연히 그렇게 고찰해야겠지요" 하고 그가 말했네.

그래서 내가 말했네. "자, 크리티아스, 이런 문제들에 대해 자네가 나보다 더 나은 답변을 할 수 있는지 살펴보게. 나는 답변할 수가 없네. 내가 왜 답변할 수 없는지 말할까?"

"네, 그래주세요" 하고 그가 말했네.

"만약 방금 자네가 말한 것이 사실이라면" 하고 내가 말했네. "자기 자신과 다른 지식들을 제외한 그 어떤 것의 지식도 아닌 하나의 지식이 존재하며, 이 지식은 또한 지식의 결여의 지식이기도 하다는 결론이 나겠구먼?"

"물론이지요."

"그렇다면 여보게, 우리가 해괴한 주장을 하려는 것이 아닐까? 만약 자네가 다른 경우에서 같은 현상을 찾으려 한다면, 그건 아마도 불가능해 보일 테니까."

"왜죠? 그리고 '다른 경우'라니 그게 무슨 뜻인가요?"

"다음과 같은 경우 말일세. 다른 시각(視覺)이 모두 보는 것은 보지 못하고 자기 자신과 다른 시각들을 모두 보는가 하면 또한 시각의 결여의 시각이기도 한 시각이 존재할 수 있는지 자네는 검토해보게. 그런 시각은 시각이면서도 색깔은 보지 못하고 자기 자신과 다른 시각들만 볼 뿐일세. 자네는 그런 시각이 있다고 생각하는가?"

"제우스에 맹세코, 나는 그런 시각은 없다고 생각해요."

"청각은 어떤가? 어떤 소리도 듣지 못하고 자기 자신과 다른 청각들과 청각의 결여만 듣는 청각이 있을까?"

"나는 그런 청각도 없다고 생각해요."

"그렇다면 모든 감각을 통틀어 다른 감각들과 자기 자신은 지각하면서 다른 감각들이 지각하는 것을 아무것도 지각하지 못하는 감각이 있다고 생각하는가?"

"나는 없다고 생각해요."

e "또한 자네는 어떤 쾌락도 욕구하지 않으면서 자기 자신과 다른 욕구들을 욕구하는 욕구가 있다고 생각하는가?"

"물론 없다고 생각해요."

"또한 내 생각에는 훌륭한 것은 아무것도 소망하지 않으면서 자기 자신과 다른 소망들을 소망하는 소망도 없을 걸세."

"없고말고요."

"또한 자네는 훌륭한 것은 아무것도 사랑하지 않으면서 자기 자신과 다른 사랑들을 사랑하는 사랑이 있다고 말할 텐가?"

"나는 없다고 생각해요" 하고 그가 말했네.

168a "또한 자네는 자기 자신과 다른 두려움들은 두려워하면서 무서운 것은 하나도 두려워하지 않는 두려움을 본 적이 있는가?"

"본 적이 없어요" 하고 그가 말했네.

"또한 자네는 자기 자신과 다른 의견들에는 의견을 말하면서 다른 의견들이 의견을 말하는 것들에는 아무 의견도 말하지 않는 의견을 본 적이 있는가?"

"아니요."

"그런데 우리는 분명 어떤 학과목의 지식도 아니면서 자기 자신과 다른 지식들의 지식인 그런 지식이 있다고 말하고 있는 것 아닌가?"

"네, 우리는 그렇게 말하고 있어요."

"그러나 그런 것이 실제로 있다면 이상하지 않은가? 하지만 우리는 그런 것은 없다고 단언하지 말고 그런 것이 있는지 더 살펴보기로 하세."

"옳은 말씀이에요."

b

"좋아. 그렇다면 지식은 어떤 것에 관한 지식이며, 본성적으로 어떤 것에 관한 지식일 수밖에 없네. 그렇지 않은가?"

"물론 그렇지요."

"또한 우리는 더 큰 것은 본성적으로 어떤 것보다 더 클 수밖에 없다고 말하겠지?"

"그렇고말고요."

"그 어떤 것은 더 작겠지? 더 큰 것이 더 큰 것이 되려면."

"당연하지요."

"만약 우리가 큰 것들보다 더 크고 자기 자신보다 더 크지만 그것에 견주어 다른 큰 것들이 더 큰 것보다는 더 크지 않은 어떤 것을 발견한다면, 그것은 필연적으로 자기 자신보다 더 크기도 하고 자기 자신보다 더 작기도 한 특성을 띨 걸세. 그렇지 않을까?"

c

"그야 당연하지요, 소크라테스님" 하고 그가 말했네.

"마찬가지로 만약 다른 갑절들과 자기 자신의 갑절인 어떤 것이 있다면, 그것이 갑절이 되자면 자기 자신과 다른 갑절들은 절반이어야 하네. 갑절은 절반의 갑절이니까."

"맞아요."

"또한 자기 자신보다 더 많은 것은 자기 자신보다 더 적은 것이기도 하고, 더 무거운 것은 더 가벼운 것이기도 하며, 더 늙은 것은 더 젊은 것이기도 할 걸세. 그 점은 다른 것들도 마찬가지일 걸세.

d 자기 자신과 관련해 어떤 특성을 띠는 것은 그것의 대상의 특성도 띨 것이라는 말일세. 무슨 말인지 예를 들어 설명하자면, 우리는 듣는 것은 소리를 듣는 것이라고 말하지 않는가? 동의하는가?"

"네."

"청각이 정말로 자기 자신을 들으려면 반드시 소리를 들어야 하네. 달리는 들을 방법이 없을 테니까."

"당연히 그렇지요."

"여보게, 그 점은 시각도 마찬가지일세. 시각이 정말로 자기 자신을 보려면 반드시 어떤 색깔을 가져야 하네. 시각은 색깔 없는

e 것은 아무것도 볼 수 없으니까."

"볼 수 없고말고요."

"그렇다면 크리티아스, 자네가 보기에 우리가 예를 든 것들 가운데 어떤 것들은 자기 자신과 관련해 자신의 특성을 발휘한다는 것이 전적으로 불가능하고, 다른 것들은 매우 의심스러워 보이지 않았는가? 그리고 크기와 수 따위가 그렇게 한다는 것은 전적으

로 불가능했네. 그렇지 않은가?"

"물론이지요."

"그렇지만 청각이나 시각이나 나아가 운동이 자기 자신을 움직일 수 있다거나 열이 자기 자신을 태울 수 있다는 따위의 생각에 대해 전부는 아니라도 대부분의 사람들은 불신할 걸세. 그러니 여보게, 존재하는 것은 어떤 것도 다른 것보다는 자기 자신에 관계되는 고유한 특성을 띠게 되어 있지 않다거나, 어떤 것은 그렇고 어떤 것은 그렇지 않다는 점을 충분히 규명하기 위해서는 위대한 인간이 필요할 걸세. 그리고 만약 자기 자신에 관계되는 것들이 있다면, 그는 우리가 절제라고 부르는 지식이 이 범주에 속하는지도 규명해야 할 걸세. 나는 이런 문제들을 규명할 자신이 없으며, 그래서 지식의 지식이 존재할 수 있다고 단언하지 못하는 거라네. 게다가 설사 그게 가능하다 해도 나는 절제가 그런 지식이라고 인정할 수 없네. 그런 것이 우리에게 유익한지 아닌지 검토하기 전에는 말일세. 그런데 칼라이스크로스의 아들이여, 자네는 절제가 지식의 지식이기도 하고 지식의 결여의 지식이기도 하다고 주장하니, 우선 내가 방금 말한 것이 가능하다는 것을 보여주고, 그다음에는 그것은 가능할뿐더러 유익하다는 것을 보여주게. 그렇게 하면 자네는 절제에 관한 자네 주장이 옳다는 것을 내게 충분히 입증할 수 있을 걸세."

크리티아스가 내 말을 듣고는 내가 곤경에 놓인 것을 보았을 때, 마치 남들이 면전에서 하품하는 모습을 보면 그것을 보는 사람도 하품이 나듯, 그도 내 곤경에 이끌려 본의 아니게 곤경에 빠진 것 같았네. 그는 늘 호평만 받던 터라 많은 사람이 모인 앞에서 입장이 난처했네. 그는 내가 제기한 문제들을 해결할 능력이 없다는 것을 시인하고 싶지 않았기 때문에 자신이 곤경에 처했다는 것을 감추려고 횡설수설했네. 그래서 논의를 진척시키기 위해 내가 말했네. "크리티아스, 자네만 좋다면 우리는 지금은 지식의 지식이 가능하다고 인정하고, 그것이 과연 그런지 아닌지 검토하는 일은 다음 기회로 미루기로 하세. 그것이 전적으로 가능하다고 보고, 자네는 그런 지식이 어떻게 우리가 아는 것과 우리가 모르는 것을 알 수 있게 해주는지 말해주겠나? 우리는 분명 그것이 자기 자신을 알고 절제하는 것이라고 말했으니까. 우리는 그렇게 말하지 않았나?"

"물론 그렇게 말했지요" 하고 그가 말했네. "그리고 그게 바로 결론이지요, 소크라테스님. 자기 자신을 아는 지식을 가진 사람은 자기가 가진 지식을 닮을 테니까요. 이를테면 빠름을 가진 사람은 빠르고, 아름다움을 가진 사람은 아름답고, 지식을 가진 사람은 알듯이 말예요. 그러니 자기 자신을 아는 지식을 가진 사람은 자기 자신을 알게 될 거예요."

"내가 미심쩍어하는 것은" 하고 내가 말했네. "자기 자신을 아는 지식을 가진 사람이 자기 자신을 알게 되리라는 것이 아니라, 자기 자신을 아는 지식을 가진 사람이 어째서 자기가 아는 것과 자기가 모르는 것을 반드시 아느냐는 것일세."

"소크라테스님, 이거나 저거나 마찬가지니까요."

"그럴지도 모르지" 하고 내가 말했네. "하지만 나는 아직도 잘 모르겠네. 자기가 아는 것과 자기가 모르는 것을 아는 것이 어째서 자기 자신을 아는 것과 같은지 이해할 수 없으니까."

"무슨 말씀이신지요?" 하고 그가 물었네.

"내 말은 이런 뜻일세" 하고 내가 말했네. "지식의 지식이 있다고 한다면, 그것은 이 둘 중 하나는 지식이고 다른 것은 지식이 아니라고 구별하는 것 이상을 할 수 있을까?"

"아니, 그만큼만 할 수 있어요."

"그렇다면 건강에 관한 지식과 지식의 결여, 그리고 정의에 관한 지식과 지식의 결여는 지식에 관한 지식과 같은 것인가?"

"결코 그렇지 않아요."

"그것들은 각각 의술이고 통치술인 데 반해, 다른 것은 순수 지식이기 때문인 것 같구먼."

"물론이지요."

"만약 누가 건강과 정의는 모르고 지식만 안다면—이것이 그가 아는 전부이니까—, 그는 아마도 자기가 뭔가를 안다는 것을, 자기 자신과 남들과 관련하여 자기가 모종의 지식이 있다는 것을 알 걸세. 동의하는가?"

"네."

"그런데 그가 어떻게 이런 지식에 힘입어 그가 아는 것이 무엇이든 그것을 알 수 있을까? 그가 건강이 무엇인지 알 수 있게 해주는 것은 절제가 아니라 의술이고, 그가 화음이 무엇인지 알 수 있게 해주는 것은 절제가 아니라 음악이고, 그가 집 짓는 방법을 알 수 있게 해주는 것은 절제가 아니라 건축술이며, 이 점은 지식의 모든 분야도 마찬가지니까. 그렇지 않은가?"

"그런 것 같네요."

d "그렇다면 절제 있는 것과 절제는 자기가 아는 것과 자기가 모르는 것을 아는 것이 아니라, 자기가 안다는 것과 자기가 모른다는 것을 알 뿐인 듯하구먼."

"그런 것도 같아요."

"또한 그런 지식을 가진 사람은 남이 뭔가를 안다고 주장할 때, 그가 안다고 주장하는 것을 아는지 모르는지 알아낼 수가 없을 걸세. 그런 사람은 단지 남이 어떤 지식을 가지고 있다는 것만 알 뿐일세. 절제는 남이 어떤 지식을 갖고 있는지 알게끔 해주지 않을 걸세."

"알게끔 해주지 않을 것 같아요."

e "그렇다면 그런 사람은 돌팔이 의사와 진짜 의사도, 다른 전문가와 문외한도 구별할 수 없을 걸세. 우리는 이 문제를 다음과 같이 고찰해보세. 절제 있는 사람이나 그 밖의 어떤 사람이 진짜 의사와 돌팔이 의사를 구별하려면 다음과 같이 하지 않을까? 그는 의술에 관해서는 의사와 대화하지 않을 걸세. 우리가 앞서 말했듯이, 의사가 아는 것은 건강과 질병이 전부이니까. 그렇지 않은가?"

"네, 그래요."

"하지만 지식에 관해서는 의사는 아무것도 모르네. 우리는 그런 능력을 절제에게만 배정했으니까."

"네."

"의술에 관해서는 의사도 아무것도 모르네. 의술은 지식의 한 171a 분야이니까."

"맞아요."

"그리하여 절제 있는 사람은 의사가 모종의 지식이 있다는 것을 알게 되겠지만, 그것이 어떤 종류의 지식인지 정확하게 이해하려 한다면 그것이 무엇에 관한 지식인지 고찰하지 않을까? 모든 지식은 지식이라는 단순한 사실에 의해서가 아니라, 무엇에 관한 지식이냐에 의해서 구별되었으니까."

"아닌 게 아니라, 그것에 의해 구별되었지요."

"그리고 의술은 건강과 질병에 관한 지식으로 규정됨으로써 다른 분야의 지식들과 구별되었네."

"네."

"따라서 의술을 고찰하기를 원하는 사람은 그것을 찾을 수 있 b 는 곳에서 찾아야 하네. 찾을 수 없는 곳에서는 발견하지 못할 테니까. 그렇게 생각하지 않는가?"

"그렇게 생각해요."

"그러니 스스로 훌륭한 의사라고 주장하는 의사를 검증하려면 건강과 질병과 관련하여 검증하는 것이 올바른 방법일 걸세."

"그런 것 같아요."

"그러니 그는 건강과 질병과 관련하여 의사의 말이 참말이고, 의사의 행동이 적절한 것인지 검증할 걸세."

"당연하지요."

"하지만 누가 의술에 관한 지식 없이 의사의 말이나 행동을 검증할 수 있을까?"

"물론 검증할 수 없겠지요."

c   "의사 말고는 아무도 검증할 수 없을 것 같네. 절제 있는 사람도 검증할 수 없고. 만약 절제 있는 사람이 검증할 수 있다면, 그는 절제 있는 사람일뿐더러 의사이겠지."

"그렇고말고요."

"그러니 만약 절제가 지식과 지식의 결여에 관한 지식에 불과하다면, 절제 있는 사람은 자기 직업에 관해 아는 의사와 자기 직업에 관해 모르면서 아는 체하거나 안다고 생각하는 의사를 틀림없이 구별할 수 없을 걸세. 그는 또한 그 밖의 다른 전문지식을 가진 사람들도 구별할 수 없을 걸세. 절제 있는 사람은 자신과 같은 전문 분야에 속하는 사람들만 알아볼 걸세. 다른 장인들처럼."

"그럴 것 같아요" 하고 그가 말했네.

d   그래서 내가 말했네. "크리티아스, 만약 절제가 그런 것이라면, 우리는 절제에서 대체 무슨 덕을 보게 될까? 만약 우리가 첫머리에서 가정했듯이,[38] 절제 있는 사람은 자기가 아는 것도 알고 자기가 모르는 것도 알며―그것은 곧 자기가 아는 것을 안다는 것도

알고, 모르는 것을 모른다는 것도 안다는 뜻이겠지 — 같은 처지에 있는 남들도 검증할 수 있다면, 절제 있다는 것은 단언컨대 우리에게 큰 이익이 될 것이기에 하는 말일세. 우리 가운데 절제 있는 사람들은 과오에서 자유로운 삶을 살게 될 테고, 우리의 피치자(被治者)들도 그럴 테니까. 우리는 우리가 모르는 것은 아무것도 시도 e 하지 않고 오히려 그 분야의 전문가들을 찾아내 그들에게 일을 맡길 걸세. 우리는 또한 우리의 피치자들에게도 그들이 잘할 만한 일들 외에는 아무것도 맡기지 않을 텐데, 그들이 잘할 만한 일들이란 그들이 아는 것들일세. 이렇듯 절제의 도움을 받으면 가정은 잘 정돈되고, 국가는 잘 다스려지며, 그 밖의 다른 것도 절제의 지배를 받으면 모두 그러할 걸세. 과오가 근절되고 올바름이 인도하 172a 는 곳에서는 사람들은 무엇을 하든 훌륭하게 잘나가기 마련이며, 잘나가는 사람들은 행복하기 마련이니까. 크리티아스" 하고 내가 말을 이었네. "우리가 절제의 큰 이익이라고 말한 것은 그런 것이 아니던가? 자기가 아는 것도 알고 자기가 모르는 것도 안다는 것 말일세."

"그야 물론이지요" 하고 그가 말했네.

"그러나 지금 자네도 보다시피" 하고 내가 말했네. "그런 지식은 어디에도 모습을 드러내지 않았네."

38 167a.

"나도 그렇게 생각해요" 하고 그가 말했네.

b "아무튼 우리는 지금" 하고 내가 말했네. "절제는 지식에 관한 지식이자 지식의 결여에 관한 지식이라는 것을 알아냈네. 그런데 그것이 과연 이런 지식을 가진 사람은 무엇이든 더 쉽게 배우고, 배우는 것에 덧붙여 지식을 하나의 전체로 볼 수 있으므로 모든 것을 더 명료하게 볼 수 있다는 의미에서 유익한 것일까? 또한 그런 사람은 자기가 배운 것과 관련하여 남들을 더 훌륭하게 검증할 수 있지만, 지식에 관한 지식이 없는 사람들은 확실하고 효과적으 c 로 검증하지 못하는 것일까? 여보게, 우리는 절제에서 그런 혜택들을 누리게 되는가? 아니면 우리는 그것을 큰 것으로 여기면서도 그것이 실제보다 더 큰 것이기를 요구하는 것인가?"

"아마도 절제는 그런 것인 듯해요" 하고 그가 말했네.

"그럴지도 모르지" 하고 내가 말했네. "하지만 우리의 탐구는 무익한 것일지도 모른다네. 내가 이런 말을 하는 까닭은, 만약 절제가 그런 것이라면 절제와 관련하여 이상한 일들이 벌어질 것 같은 느낌이 들기 때문일세. 자네만 좋다면, 우리는 지식을 아는 것도 가능할뿐더러 우리가 처음에 가정한 대로 절제는 자기가 아는 것도 알고 자기가 모르는 것도 안다고 인정하고서 문제를 고찰해 d 보세. 마음속으로 이 모든 것을 인정하고 우리는 그런 것이 우리에게 이득이 되는지 더 면밀히 살펴보세. 크리티아스, 만약 절제가 그런 것이라면 가정과 국가를 경영하는 데 큰 이익이 될 것이라고 조금 전 우리가 합의한 것은 내 생각에 잘못인 것 같네."

"왜 그렇지요?" 하고 그가 물었네.

그래서 내가 대답했네. "우리 각자가 자기가 아는 것만 행하고 자기가 모르는 것은 그것을 아는 사람들에게 맡기는 것이 사람들에게 큰 이익이 될 것이라는 점에 우리가 너무 쉽게 합의했기 때문일세."

"우리가 그렇게 합의한 건 잘한 일 아닌가요?" 하고 그가 물었네.

"내 생각에는 아닌 것 같네" 하고 내가 대답했네.

"그대는 정말 이상한 말씀을 하시는군요, 소크라테스님" 하고 그가 말했네.

"정말 내가 생각해도 이상한 말 같으이" 하고 내가 말했네. "그래서 나는 조금 전에 그것을 알아차리고 이상한 일들이 벌어질 것 같다고, 그리고 우리가 검증을 잘못하고 있는 게 아닌지 걱정스럽다고 말한 것이라네. 솔직히 말해 절제가 그런 것이라 해도, 내 생각에 그것이 우리에게 유익하다는 것은 분명하지 않은 것 같네."

"왜 그렇죠? 말씀해주세요. 그대가 무슨 뜻으로 그런 말씀을 하시는지 우리도 알도록 말예요" 하고 그가 말했네.

"내가 허튼소리를 하고 있는 것 같구먼" 하고 내가 말했네. "그렇지만 자기 자신을 위해 조금이라도 염려하는 사람이라면 마음에 떠오르는 생각들을 검토해야지 무관심하게 그냥 지나쳐버려서는 안 되네."

"옳은 말씀이에요" 하고 그가 말했네.

"그렇다면 자네는 내 꿈 이야기를 들어보게" 하고 내가 말했네.

"그리고 그것이 뿔의 문으로 나온 것인지 아니면 상아의 문으로 나온 것인지[39] 말해주게. 내 꿈은 다음과 같네. 만약 절제가 우리가 정의한 것처럼 정말로 우리를 지배한다면, 만사는 분명 지식에 따라 행해질 걸세. 그리하여 사실은 선장이 아니면서 선장이라고 주장하는 사람도 우리를 속이지 못할 것이며, 우리는 또한 사실은 모르면서 아는 척하는 의사나 장군이나 그 밖의 다른 돌팔이들도 언제나 분간할 수 있을 걸세. 상황이 그렇다면 우리는 지금보다 몸이 더 건강하지 않을까? 그리고 바다와 전장에서 위험에 빠진 사람들이 더 많이 살아남고, 우리의 그릇과 의복과 신발과 다른 소유물 등도 모두 더 정교하게 제작되지 않을까? 우리를 위해 그것들을 만드는 것은 진정한 장인일 테니까. 또한 그대만 좋다면, 우리는 예언술은 미래사를 다루는 지식이니만큼 절제가 예언술을 주관하게 되면 돌팔이들은 내쫓고 진정한 예언자들을 임명하여 우리를 위해 미래사를 예언하게 할 것이라는 데 동의하기로 하세. 그런 조건에서라면 인류는 지식에 따라 행하고 살아갈 것이라고 나는 확신하네. 절제가 망을 보고 있다가 지식의 결여가 기어들어와 우리의 공범이 되는 것을 허용하지 않을 테니까. 그러나 우리가 지식에 따라 행동함으로써 잘나가고 행복할는지는 아직은 알 수 없는 일일세, 친애하는 크리티아스."

"그렇지만" 하고 그가 말했네. "만약 그대가 지식에 따라 행동하는 것의 가치를 평가절하한다면 다른 것에서 '잘나는 것'의 진수를 찾기는 쉽지 않을 거예요."

"그렇다면 사소한 것 한 가지만 더 가르쳐주게" 하고 내가 말했네. "'지식에 따라 행한다'고 할 때 자네가 말하는 것은 어떤 지식인가? 구두 만드는 지식인가?"

"제우스에 맹세코, 내가 말하는 것은 그런 게 아니에요." e

"그렇다면 청동으로 제작하는 지식인가?"

"아니요."

"그렇다면 양모나 목재 따위로 제작하는 지식인가?"

"물론 아니지요."

"그렇다면" 하고 내가 말했네. "우리는 지식에 따라 사는 사람이 행복하다는 원칙을 더는 고수할 수 없네. 우리가 방금 언급한 장인들은 지식에 따라 살건만 자네는 그들이 행복하다는 것을 인정하지 않으니 말일세. 오히려 자네는 특정 사물과 관련하여 지식에 따라 사는 사람을 행복한 사람으로 규정하는 것 같네. 이를테면 내가 방금 언급했듯이 미래사를 모두 아는 예언자처럼 말일세. 자 174a 네가 말하는 것은 이런 사람인가, 아니면 다른 사람인가?"

"나는 그런 사람을 행복하다고 해요" 하고 그가 말했네. "하지만 나는 다른 사람도 행복하다고 하지요."

"그게 누구지?" 하고 내가 말했네. "미래사뿐만 아니라 과거사

---

39 꿈의 문은 두 가지인데, 상아의 문으로 나오는 꿈은 이루어지지 않지만 뿔의 문으로 나오는 꿈은 이루어진다는 설화에 관해서는 호메로스, 『오뒷세이아』 19권 564~567행 참조.

와 현재사를 알며 모르는 것이 없는 그런 사람 아닌가? 우리는 그런 사람이 존재한다고 가정하세. 그렇다면 확신컨대 자네는 그런 사람보다 더 지식에 따라 사는 사람은 세상에 아무도 없다고 말할 걸세."

"아무도 없고말고요."

"그런데 내가 알고 싶은 게 한 가지 더 있네. 지식들 가운데 어떤 것이 그를 행복하게 만드는가? 아니면 모든 지식이 똑같이 그를 행복하게 만드는가?"

"물론 똑같지는 않겠지요" 하고 그가 말했네.

b   "하지만 어떤 것이 가장 그를 행복하게 만드는가? 그가 현재사와 과거사와 미래사 가운데 어느 것을 알게 해주는 지식인가? 그가 장기(將棋) 두는 법을 알게 해주는 지식인가?"

"맙소사, 장기라니요!" 하고 그가 말했네.

"그렇다면 그가 산술을 알게 해주는 지식인가?"

"물론 아니지요."

"그렇다면 그가 건강을 알게 해주는 지식인가?"

"그건 사실에 좀 더 가깝네요" 하고 그가 말했네.

"하지만 사실에 가장 가까운 것은" 하고 내가 물었네. "그가 무엇을 알게 해주는 지식인가?"

"그가 좋음과 나쁨을 알게 해주는 지식이에요" 하고 그가 대답했네.

"에끼, 고약한 사람 같으니라고!" 하고 내가 말했네. "자네는 그

동안 내내 나를 뱅뱅 돌리며 설사 우리가 모든 지식을 다 가지고 있다 해도 우리를 잘나가고 행복할 수 있게 해주는 것은 지식에 따라 사는 것이 아니라, 우리가 좋음과 나쁨에 관한 이 한 가지 지식을 가져야 하는 것이라는 사실을 숨겼네그려. 크리티아스, 이 특정한 지식을 다른 지식들에서 떼어낸다고 해서 도대체 무슨 차이가 있겠나? 치료술은 여전히 우리를 건강하게 해주고, 제화술은 여전히 우리에게 구두를 대주며, 직조술은 여전히 옷을 대주지 않을까? 또한 조타술과 용병술은 여전히 우리가 바다나 전장에서 죽는 것을 막아주지 않을까?"

"여전히 그러겠지요" 하고 그가 말했네.

"하지만 친애하는 크리티아스, 그런 특정한 지식이 없다면 그런 것들은 저마다 훌륭하고 유익해질 기회를 박탈당할 걸세."

"옳은 말씀이에요" 하고 그가 말했네.

"그렇다면 이 특정한 지식은 절제가 아니라 우리를 이롭게 하는 지식인 것 같네. 그것은 지식과 지식의 결여에 관한 지식이 아니라 좋음과 나쁨에 관한 지식이니까. 그러니 그것이 우리를 이롭게 하는 것이라면, 절제는 그와는 다른 것임이 틀림없네."

"어째서 절제는 우리를 이롭게 하지 않지요?" 하고 그가 말했네. "만약 절제가 진실로 지식에 관한 지식이고 다른 지식들을 지배한다면, 절제는 당연히 좋음의 지식도 지배해서 우리를 이롭게 할 텐데요."

"그렇다면 절제가 우리를 건강하게 만드는 걸까?" 하고 내가 물

없네. "의술이 아니고? 아니면 절제가 다른 기술들이 하는 일을 하는 걸까? 다른 기술들이 저마다 제 할 일을 하는 것이 아니고? 조금 전에 우리는 절제는 지식과 지식의 결여만의 지식이고, 다른 어떤 것의 지식도 아니라고 단언하지 않았는가? 그러지 않았나?"

"그랬던 것 같아요."

"그렇다면 절제는 건강의 생산자는 아닐세."

"아니고말고요."

175a "건강은 다른 기술의 산물이니까. 그렇지 않은가?"

"네, 다른 기술의 산물이에요."

"절제는 또한 이익의 생산자도 아닐세. 우리는 방금 그런 일을 다른 기술에게 배정했으니까. 그렇지 않은가?"

"네, 맞아요."

"절제가 어떤 이익도 생산하지 못한다면 어떻게 이로울 수 있겠는가?"

"결코 이로울 수 없을 것 같아요, 소크라테스님."

"그렇다면 크리티아스, 자네도 보다시피 내가 절제에 관해 제대로 검토하지 못하는 것이 아닌지 염려하고 자책한 것은 정당했네. 내가 제대로 검토했다면, 우리가 세상에서 가장 훌륭하다고 인정 b 한 것이 우리에게 쓸모없는 것으로 드러나지 않았을 테니까. 지금 우리는 완패(完敗)했고, 입법자가 존재하는 것들 가운데 무엇에 다 '절제'라는 이름을 지어 붙였는지 알아내지 못했네. 또한 우리는 논리에 맞지 않는 양보를 자주 했네. 이를테면 우리는 논리가 허용하지 않고 거부하는데도 지식의 지식 같은 것이 있다는 데 동의했네. 우리는 또한 논리가 허용하지 않는데도 이 지식은 다른 지식들이 하는 일을 안다는 데에도 동의했네. 절제 있는 사람은 자 c 기가 아는 것은 안다는 것을, 그리고 자기가 모르는 것은 모른다는 것을 알게 하려고 말일세. 우리는 여기에 통 크게 동의했네. 어떤 사람에게는 자기가 전혀 모르는 것을 어떤 의미에서 안다는 것이 불가능하다는 점을 간과하고서 말일세. 무엇보다도 우리가 동의한 바에 따르면 그는 자기가 모르는 것을 안다는 것인데, 내 생각에 이보다 더 불합리한 것은 없는 듯하네. 그러나 우리는 느긋하고 까다롭지 않은 자세로 검증에 임했는데도 진리를 찾아내는 d 데 실패하고 말았네. 오히려 우리의 검증은 진리를 비웃었네. 우리가 앞서 동의하고 꿰맞춘 절제의 정의는 아무 쓸모없는 것이라는 오만불손한 결론을 내림으로써 말일세. 그래도 나는 애석할 게 없지만" 하고 내가 카르미데스에게 말했네. "자네는 애석하기 그지없네그려, 카르미데스. 만약 자네가 몸의 아름다움과 가장 절제 있는 혼을 겸비하고도 그런 절제의 덕을 보지 못한다면, 그리고 e 절제가 있어도 그것이 자네 삶에 아무 이득이 되지 못한다면 말일세. 나는 또한 쓸데없이 트라케인한테 애써 주문을 배웠다고 생각하니 더욱 화가 치민다네. 나는 그것은 사실이 아니라고, 오히려 내가 보잘것없는 탐구자라고 생각하네. 절제는 큰 좋음이고, 자네가 정말로 절제 있다면 자네야말로 행복한 사람이라는 것이 내 생각이니까. 만약 자네가 절제 있다면 자네에게는 내 주문이 필요 176a

없으니, 나를 토론으로는 아무것도 검증하지 못하는 수다쟁이로 여기고, 자네 자신은 절제 있을수록 그만큼 더 행복하다고 여기라고 조언해주고 싶네."

그러자 카르미데스가 말했네. "소크라테스 선생님, 제우스에 맹세코 내가 절제가 있는지 없는지 나는 모르겠어요. 두 분 말씀에 따르면 두 분 자신도 그게 무엇인지 알아낼 수 없는 것을 내가 b 어떻게 알 수 있겠어요? 하지만 소크라테스 선생님, 나는 선생님 말씀을 곧이듣지 않으며, 내게는 여전히 주문이 필요하다고 생각해요. 나로서는 선생님께서 날마다 내게 주문을 외워주셨으면 좋겠어요. 선생님께서 '이젠 충분해'라고 말씀하실 때까지."

"좋아, 카르미데스" 하고 크리티아스가 말했네. "네가 그렇게 한다면 내게는 그것이 네가 절제 있다는 증거가 될 거야. 네가 조금도 옆길로 새지 않고 소크라테스님으로 하여금 너에게 주문을 외우시게 한다면 말이야."

"걱정하지 마세요" 하고 카르미데스가 말했네. "옆길로 새지 않 c 고 꼭 그렇게 할 테니까요. 내가 만약 내 수호자이신 그대의 명령을 따르지 않고 그대에게 불복종한다면 큰 잘못을 저지르는 것이 겠지요."

"아닌 게 아니라 그건 내 명령이야" 하고 크리티아스가 말했네.

"그렇다면 그렇게 할게요. 오늘부터라도" 하고 카르미데스가 말했네.

"여보게들, 둘이서 도대체 무슨 의논을 하고 있는 겐가?" 하고 내가 물었네.

"아무 의논도 하지 않아요" 하고 카르미데스가 대답했네. "우리는 이미 의논을 끝냈으니까요."

"자네는 내게서 선택의 기회를 박탈할 참인가? 내 말도 들어보지 않고 다짜고짜로" 하고 내가 말했네.

"선생님께는 선택의 기회를 드리지 않을래요" 하고 카르미데스가 말했네. "여기 이분[40]이 그렇게 하라고 명령하니까요. 그러니 이번에는 선생님께서 이에 어떻게 대처할지 의논하시는 것이 좋을 거예요."

"의논하고 자시고 할 게 있나?" 하고 내가 말했네. "자네가 상대방의 의사를 무시하고 무엇인가를 하려 들면, 아무도 자네에게 저항할 수 없을 텐데."

"그러니 선생님께서도 내게 저항하시지 않는 게 좋을 거예요" 하고 그가 말했네.

"그렇다면 내 자네에게 저항하지 않겠네" 하고 내가 말했네.

---

40 크리티아스.